伝説の家政婦 沸騰ワード10 レシピ

タサン志麻
TASSIN SHIMA

ワニブックス

芸能人たちが本気でレシピを欲しがった！
番組レシピ、大公開！

押切もえさん

スザンヌさん

渡辺美奈代さん

杉山愛さん

野口健さん

草刈民代さん・**周防正行**さん

神奈月さん

辺見えみりさん

出川哲朗さん

CONTENTS

本書の利用法

● 材料に示した分量は、計量カップは1カップ 200ml、
計量スプーン大さじ1＝15ml です。ひとつまみは小さじ
1/3 です。

● 電子レンジの加熱時間は出力 600W を基準にしていま
す。500W の場合は加熱時間を約 1.2 倍に、700W の
場合は約 0.8 倍にしてください。

● 電子レンジ、オーブン、オーブントースターなどの加熱
時間は目安です。機種や食材の状況によって、差が出
ることがありますので、様子を見ながら加熱してください。

● 生クリームは、特に表記のないものは乳脂肪分 35%
以上を使用しています。

伝説の家政婦
志麻さん
7つの極意

毎日の料理は、シンプルでいい。
少しの工夫とコツさえわかれば、それだけで
料理は、はっとするほど美味しくなります。
志麻さん流、料理の極意をマスターして、
毎日の食卓を豊かに楽しんで。

極意 **1**

肉の旨味をグッと引き出す

基本の塩ワザ

▶ 肉の下味は強めに 効かせて味にメリハリを

食材の旨味を引き出してくれる塩 料理上手になるコツは塩加減

料理の味つけで最も大切なのが塩加減。ピタリと決まれば他の調味料はいりません。味が決まらない時は、塩が足りない場合も。下味を付ける料理なら、塩は普段の約1.2倍～1.5倍を目安に。対して、付け合わせの野菜などはただゆでるだけにして、味にメリハリを。

肉や魚の両面に塩をする場合、あらかじめバットなどに塩をふってから、肉を上にのせ、上から塩をする。肉を裏返さなくても均一に塩ができる

▶ 完成度アップ！ 肉野菜炒めの要は、 肉の塩加減

塩には素材の水分を引き出す効果が いつ塩をするかも重要

肉と野菜を同時に炒めると、塩をするタイミングによっては野菜から水分が出てベチャッとしてしまいます。野菜は塩をしないで、肉だけに塩をして別々に炒め、最後に合わせると失敗しません。野菜には塩をしていないので肉にはしっかりと味を付けます。

肉野菜炒めでは、肉のみしっかりめに塩をするとバランスよし！

＼ 焼きそばにも、このワザ！／

焼きそばの肉は、単体で粉ソースをからめつつ炒めるのがコツ

＋MORE

プラス砂糖で肉の旨味をグッと引き出す

砂糖の保湿効果で驚くほど 肉がジューシーに

砂糖には肉のたんぱく質と水分を結びつける保湿性があるので、煮たり、焼いたりしても水分が逃げず、肉をしっとりと柔らかくしてくれます。パサつきがちな鶏むね肉などには特におすすめ。塩を先にしてしまうと、後から砂糖がうまく入らないので、最初に砂糖を肉に揉み込んで。

砂糖を最初に揉み込むことで旨味を逃さず、肉が硬く締まるのを防いでくれる

焼くだけ！ 上手にステーキが焼ければ、ソースのバリエーションだけで何通りの味にも

煮るだけ！ 魚介から出る旨味が極上のだしに。味つけは塩・こしょうだけで十分

極意 **2**

焼くだけ、煮るだけ
「○○だけ」で
メインのできあがり

簡単で美味しい。
毎日のことだから
調理法はシンプルに

志麻さんは元フレンチの料理人。伝えたいのは手の込んだ一皿ではなく、シンプルな調理法で素材を生かしたフランスの家庭料理。例えば焼いただけの肉でも彩りの野菜をプラスすれば、栄養バランスだけでなく食卓も豊かになります。毎日の献立にストレスを感じないのが大切です。

極意 **3**

まずテーブルに！
5分からできる
スピード付け合わせ

簡単サラダや野菜の付け合わせで
献立上手になる

熱々で食べたいメイン料理を準備している間に、パパッと作れるサラダやスープ、作り置きの一品を、まず食卓にサーブしましょう。付け合わせの野菜はゆでたり、煮たり、炒めたり、さっとできるもので十分です。お腹も満足するし、コース料理感覚でいただくのも楽しい！

先にサラダ食べててね！

極意  4

時間はかかるが放っておける！
オーブン料理を味方に

**オーブンをコンロと同じように
使いこなせば効率もアップ**

実は、オーブンほど便利なものはありません。火加減いらずで、見守る必要もなし。台所を離れて、その間に家事をこなせる優れものなのです。鍋のまま入れれば煮込み料理も、豪華に見える塊肉も失敗しらず。出来上がりの時間を設定できるので熱々が食べられます。

┌─── CHECK! ───┐

P.24 牛肉の塩釜焼き

P.36 牛肉の
カマンベールチーズ包み焼き

P.46 ローストポークの
マスカットソース

P.48 揚げないチキンナゲット

P.52 秋鮭のマスタード焼き

P.81 サバのビネガー焼き

※オーブンや電子レンジの時間表記は、あくまでも目安です。ご家庭によって違いがあるため、様子を見ながら調理してください。

極意 5

面倒な洗い物もカット
フライパン1つで何でもできる！

**洗い物が増えるから、
道具はなるべく少ない方がいい**

フライパンは炒める・焼くだけではありません。ゆでる・煮る・揚げる・蒸すことも可能です。1つで済めば洗い物も減らせるし、場所も取りません。おすすめは深さがあるもの。取っ手が取れるタイプなら、そのままオーブンでもOK。フタは必ず用意して。

フライも！

油の量は深さ0.5〜1cmでOK。揚げ焼きにすれば油の処理にも困りません

煮込み料理も！

深さがあるフライパンなら焼いてそのまま煮込むこともできます

蒸し料理も！

密閉できれば少量の水分や素材の水分だけで蒸し煮にすることも可能

6

肉や魚はシンプル料理でOK
ソースをマスターすれば
即プロの味に！

**基本のソースを覚えれば料理の
レパートリーも自然と広がる**

フランス料理の代名詞でもあるソース。おなじみのバターやワイン、生クリーム、フルーツやハーブなどベースとなるのはシンプルなものですが、素材の味をひと際美味しくしてくれます。塩・こしょうをして調理した肉や魚や野菜も、ソース次第でいく通りもの味が楽しめるのが魅力です。

極意 **7**

メイン材料2つからできる！
お手軽デザートをプラス

**シンプルが美味しい！
少ない材料で作れて失敗なし**

果物や野菜、チョコレート、チーズや卵など家庭にある材料で、子供でも作れる素朴でやさしい味が志麻さん流。食後のデザートを欠かさないのはフランスの習慣でもあります。毎日のことだから身近な材料で、手軽に作れて、特別な道具はいらないものが基本です。

チョコ＋牛乳
＋バター＋α

ミニトマト
＋グラニュー糖＋α

食パン＋クリームチーズ
＋スライスチーズ＋α

押切もえさん
リクエスト

「 鶏むね肉の簡単料理と
スタミナがつくにんにく料理を
知りたい 」

鶏むね肉を柔らくする方法や
臭みが気にならないにんにくのウラ技、
また余りがちな餅を使った料理や
ご主人が大好物の家庭でできる焼き鳥を
教えていただきました。

鶏むね肉の白ワイン蒸し

パサつきがちな鶏むね肉が、蒸し焼きにすることでしっとり

材料（2人分）

鶏むね肉…1枚（300g）
玉ねぎ…（小）1個
じゃがいも（メイクイーン）…2個
ミニトマト…8個
白ワイン…100ml

ハーブ（あれば）
A｛ ローズマリー…1本
　　タイム…2枝
　　ローリエ…1枚
小麦粉……大さじ1
オリーブ油…大さじ1

ここが
志麻ワザ！

肉の両面にしっかりめに
味をつけること。塩は普
段の1.2〜1.5倍くらいを
目安に。また、肉の水分
を最初に拭きとることで
肉の臭みを取ってくれる

後で蒸すので、薄く焼
き色がつくまで。焼き
すぎると肉が硬くなる

作り方

1 玉ねぎはくし切りにする。じゃがいもはよく洗い、皮つきのまま1.5cm幅に切る。

2 鶏肉はキッチンペーパーで水気を拭き取る。両面にしっかりめに塩・こしょうをし、下味をつける。全体に小麦粉をまぶす。

3 鍋にオリーブ油を強火で熱し、②の鶏肉を皮目から入れる。フライ返しなどで鶏肉を押さえながら1分半ほど焼いたら裏返し、もう片面も1分ほど焼く。

4 火を止め鶏肉を取り出し、空いたフライパンに、玉ねぎとじゃがいもを並べる。

5 ④に鶏肉とハーブをのせる。白ワインを入れたらフタをして、弱火で20分ほど蒸し煮にする。

6 ミニトマトを入れて5分ほど煮る。

香りの強い野菜がいっぱい入っていて、
しょうゆと甘酢でまとめられて美味しいです！

鶏むね肉の中華風ソース

サラダチキンが絶品中華ソースで豪華な献立に

材料（2人分）

鶏むね肉…1枚（300g）
アボカド…1個

中華ソース

A {
長ねぎ（みじん切り）…1/2本分
万能ねぎ（小口切り）…4本分
おろしにんにく…1片分
おろししょうが…1片分
砂糖…大さじ1
オイスターソース… 大さじ2
しょうゆ…大さじ2
酢…大さじ4
白煎りごま…大さじ2
ごま油…大さじ2
}

ここが
志麻ワザ！

肉にあらかじめ穴をあけ
ることでより味が染み込
む＆柔らかくなる

普通の鍋を使う場合は、
弱火で3分ほど煮てか
ら火を止めてフタをする

作り方

① 鶏肉はキッチンペーパーで水気を拭き取る。
表面にフォークで穴をあけ、砂糖と塩各ひと
つまみ（分量外）をすり込み、30分ほどおく。

② 中華ソースを作る。ボウルに、Aを入れ合わ
せておく。

③ 無水鍋や鋳物の鍋など、保温性が高い鍋
に湯を沸かし、沸騰したら①を入れすぐに
火を止める。フタをして30分ほどたったら取
り出し、粗熱が取れたらそぎ切りにする。

④ アボカドは、薄切りにする。

⑤ 器にアボカドと鶏肉を盛り、②の中華ソース
をかける。

キャベツとひじきのシュウマイ

皮を使わないからヘルシー。子供と一緒に作っても楽しい

材料（2人分）

豚ひき肉…250g
キャベツ…3枚
芽ひじき（乾）…10g
玉ねぎ…1/4個
にんにく（みじん切り）…1片分
しょうが（みじん切り）… 1片分

A {
しょうゆ…小さじ1
酒…大さじ1
塩…ひとつまみ
片栗粉…大さじ2
}

作り方

① ひじきはたっぷりの水で戻し、ざるに上げて水気をしっかり切る。キャベツは千切りにする。

② 玉ねぎはみじん切りし、ラップで包みレンジに1分半かけ、粗熱が取れるまで冷ましておく。

③ ボウルに、ひき肉、②の玉ねぎ、しょうが、にんにく、Aを入れよく練る。

④ ③を8等分に分け、団子状に丸める。

⑤ キャベツに片栗粉大さじ1（分量外）を混ぜて、肉団子4個の周りにまぶす。残りの4個の肉団子は①のひじきをまぶす。

⑥ フライパンに⑤を並べ、水100ml（分量外）を加え、フタをして弱火で12～13分ほど蒸す。

おにぎりを握るように、キャベツを肉団子に押しつけながら包むのがコツ

ねぎまとつくねの焼き鳥

フライパンと魚焼きグリルを上手に使えばおうちでもプロの味に

材料（作りやすい分量）

鶏ひき肉…250g
鶏もも肉…1枚（300g）
鶏むね肉…1枚（300g）
玉ねぎ（みじん切り）…1/4個分
長ねぎ…1本
砂糖…小さじ2
卵黄…1個分

つくねのタレ
A ┌ しょうゆ…大さじ1
  │ みりん…大さじ1
  └ 砂糖…小さじ1
ごま油…小さじ1

鶏肉は繊維に逆らって
切るとやわらかく食べ
やすい

ここが
志麻ワザ！

パリッと仕上がるよう皮
を外側にして肉を挟み
込むように刺す。中心に
多めに塩をすることで食
べた時のアクセントに

作り方

❶ つくねを作る。玉ねぎはラップで包み電子レンジに1分半かけて、粗熱が取れるまで冷ましておく。

❷ ボウルにひき肉、砂糖、卵黄、塩ひとつまみ（分量外）、①の玉ねぎを入れてよく混ぜる。4等分にし、小判型に丸める。

❸ フライパンにごま油を中火で熱し、②の両面を焼き、串に刺す（片面3分ずつ）。

❹ ねぎまを作る。長ねぎは3cm幅に切る。鶏肉はキッチンペーパーで水気を拭き取り、長ねぎと同じ幅のひと口大に切る。

❺ 鶏肉が一番上になるように、鶏肉と長ねぎを交互に串に刺し、肉の中心に塩をふる。

❻ 魚焼きグリルにくしゃくしゃにしてから広げたアルミホイルを敷き、⑤を皮目を下にして並べ強火で焼く（片面約15分、裏返して約5分を目安に）。持ち手の串が焦げないように、アルミホイルを巻いてから焼く。

甘くて、
にんにくということを忘れる！
全然別のものになっちゃった！

志麻鍋

冬野菜とにんにく味噌で体の芯からぽかぽか

材料（作りやすい分量）

かぶ…2個
カリフラワー…1/2個
かぼちゃ…1/4個
白菜…1/4株

つくね
A {
豚ひき肉…200g
しょうが（みじん切り）
…1片分
卵…1個
片栗粉…大さじ1
}

にんにく味噌
B {
にんにく丸ごと蒸し
（作り方下記参照）…2玉分
味噌…大さじ3※
}
豆乳（無調整）…300ml

※味噌の甘さが少ない場合は
お好みで砂糖を加える

作り方

❶ かぶはくし切りに、カリフラワーは小房に分ける。かぼちゃは2cmの厚さに切る。

❷ フライパンにサラダ油を強火で熱し、①の野菜を入れて両面を焼き色がつくまで焼いたら、取り出しておく。

ここが
志麻ワザ！

野菜をじっくり焼くことで、甘みを引き出します。香ばしさも味のアクセントに

❸ 空いたフライパンに白菜を入れ、切り口を押さえながらこんがり焼いて、5cm幅に切る。

❹ つくねを作る。Aの材料を混ぜ、団子状に丸める。

❺ にんにく味噌を作る。Bのにんにくを皮から取り出しペースト状にし、味噌と混ぜる。

❻ 鍋に焼き野菜を入れ弱火で熱し、④をのせ、水400ml（分量外）を入れる。フタをして、20分ほど煮る。

❼ にんにく味噌を入れてよく混ぜる。豆乳を加えたら、ひと煮立ちする前に火を止める。

にんにく丸ごと蒸し

ほくほくした食感と自然な甘さがクセになる

材料（2人分）

にんにく…2玉
粗塩…適量
こしょう…適量
オリーブ油…適量

作り方

❶ にんにくは皮つきのまま、中身が少し見えるように上部を切り落とす。

❷ 耐熱皿にのせラップをして、様子を見ながら電子レンジに約6分かける。

❸ 粗塩、こしょう、オリーブ油をかけていただく。

美味しくて、
いくらでも食べられる！
お餅も絶対余らない！

餅と切り干し大根のおやき

外はこんがり、中はとろ～り。栄養価も食べ応えも十分

材料（2人分）

切り干し大根（乾）…30g　　とろけるチーズ…40g
ほうれん草…1/2把（100g）　片栗粉…大さじ6
ベーコン…6枚　　　　　　　塩・こしょう…適量
切り餅…3個　　　　　　　　オリーブ油…大さじ1

作り方

① 切り干し大根は水で戻し、水気をしっかり絞ってから
細かく切る。

② ほうれん草は、茎はみじん切りに葉はざく切りにする。
ベーコンは3mm幅に切る。餅は1cm角に切る。

③ ボウルに①と②、とろけるチーズ、塩・こしょう、片栗
粉を入れ混ぜる。

④ フライパンにオリーブ油を中火で熱し、③を1cmの厚
さくらいに丸く広げ、両面を焼く（片面9分ずつ）。

カキとマッシュルームの
アヒージョ

カキの旨味がたっぷり溶け出したオイル。
フランスパンを添えて召し上がれ

材料（2人分）

生ガキ（むき身）…6個　　　タイム（あれば）…適量
マッシュルーム…5個　　　　ローリエ（あれば）…1枚
ミニトマト…8個　　　　　　塩…ふたつまみ
にんにく…1片　　　　　　　オリーブ油…100ml

作り方

① カキは片栗粉大さじ1（分量外）をまぶして揉み洗い
し、汚れを取り、水気を切っておく。

② にんにくは包丁の背でつぶす。マッシュルームは半分
に切る。

③ 鍋にカキとマッシュルーム、にんにく、塩を入れる。オ
リーブ油をひたひたになるくらいまで入れ中火で熱す
る。

④ 油が温まったら弱火にし、タイム、ローリエを入れ10
分ほど煮る。

⑤ 最後にミニトマトを加え30秒ほど煮る。

PART 2

スザンヌさん
リクエスト

「 納豆と地元熊本特産の食材で
料理を作ってほしい 」

熊本在住のスザンヌさんからのオーダーは、
晩白柚やブランド鶏の天草大王、
湯島大根など熊本の特産品を使った料理。
本書では手に入れやすい材料でアレンジしました。

MENU

P.20 ナポリタン
　　　手作りトマトケチャップ

P.22 ポムアンナと
　　　鶏もも肉のソテー

P.24 牛肉の塩釜焼き

P.25 納豆万能ソース
　　　＆納豆ふろふき大根
　　　洋風しょうが焼き

P.26 なすと納豆の甘味噌炒め
　　　キャベツのオーブン焼き

19

麺がもちもちで
トマトの酸味がしっかりある！

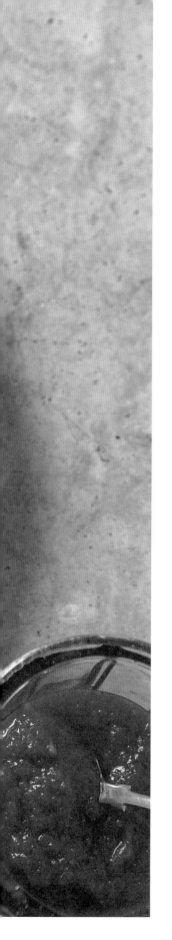

ナポリタン

もちもちの麺と手作りケチャップで本格ナポリタン

材料（2人分）

スパゲティ…200g　　　ベーコン…1枚
玉ねぎ…1/2個　　　　手作りケチャップ（作り方下記参照）…大さじ5～6
なす…2本　　　　　　塩・こしょう…適量
ピーマン…2個　　　　オリーブ油…大さじ3

作り方

パスタは太めがおすすめ。1分ほど長くゆでてオーバーボイルする

① 鍋にたっぷりの湯を沸かし、湯の1％の塩（分量外）を入れてスパゲティを袋の表示時間より1分長くゆでる。

ここが志麻ワザ！

寝かせることで水分を十分に吸水するのでもちもちの食感になる

② 氷水に入れて麺を締め、ざるに上げる。水気をしっかり切ってバットに移す。オリーブ油適量（分量外）を全体にまぶし、ラップをして冷蔵庫で1時間以上寝かせる。

③ 玉ねぎはくし切りに、なすは5mm幅の半月切りにする。ピーマンは縦半分に切り8mm幅に、ベーコンは1cm幅に切る。

④ フライパンにオリーブ油大さじ2を中火で熱し、玉ねぎ、なす、塩ひとつまみ（分量外）を入れて炒める。

ケチャップをしっかり焼いて水分を飛ばすと、スパゲティと混ぜた時に水っぽくならない

⑤ 全体に油が回ったらベーコンとピーマンを入れてさっと炒め、手作りケチャップを入れて炒める。

⑥ 別のフライパンにオリーブ油大さじ1を中火で熱し、②のスパゲティを入れてほぐしながら炒める。

⑦ ⑤と⑥をからめて、塩・こしょうで味を調える。

手作りケチャップ

トマトの品種によって水分量が違うので、煮詰める時間を調整して

材料（作りやすい分量）

完熟トマト…4個
玉ねぎ…1/4個
にんにく（薄切り）…2片分
塩…小さじ2
こしょう…適量

作り方

① トマトはくし切りに、玉ねぎは薄切りにする。

② ミキサーに①とにんにくを入れる。ピューレ状になるまでかけ、ざるでこす。

③ 鍋に②を入れ中火で熱し、もったりとするまで30分ほど煮詰め、塩・こしょうで味を調える。甘さが足りない時は、砂糖小さじ1（分量外）を加える。

ポムアンナと鶏もも肉のソテー

フレンチ風じゃがバターとパリパリチキンの黄金の組み合わせ

材料（4人分）
鶏もも肉…2枚（600g）
じゃがいも（メイクイーン）…4個
バター…100g
パセリ（みじん切り）…適量
塩・こしょう…適量
サラダ油 …大さじ1

作り方

沸騰すると分離しない
ので、様子を見ながら
弱火で加熱すること

じゃがいもは少し
重なるように並べる

弱火でじっくり焼くこと
で、鶏肉がふっくらジュ
シーに。均一に火を通
すため時々フライパンを
動かし火の当たる位置
を調整するとよい

① 澄ましバターを作る。小鍋を中火で熱し、バター
を入れて溶かす。火からおろし常温になるまで冷
ます。分離した上澄み部分を使う。

② じゃがいもは3mm幅に切る。

③ 耐熱容器に1/3量のじゃがいもを並べて、塩をひ
とつまみ（分量外）ふる。1/3量の澄ましバター
を全体に回しかける。この作業をあと2回繰り返
し、3層にする。

④ 200度に予熱したオーブンで30分ほど焼く。

⑤ 鶏肉はキッチンペーパーで水分を拭き取り、両
面にしっかりめに塩・こしょうをし、下味を付ける。

⑥ 冷たいフライパンにサラダ油と鶏肉を皮目から入
れる。重石をして強火で熱し（下写真参照）、パチ
パチと音がしてきたら、弱火にし、焼き目がつくまで
じっくり焼く（約25分）。

⑦ 重石を外し、余分な脂をキッチンペーパーで拭
き取り、裏面を焼く（約6分）。

⑧ ④にカットした⑦のチキンソテーをのせ、パセリ
を散らす。

皮の焼き縮みを防ぎ、パリッと焼く
ため、鶏肉の上に皿をのせ、上に
水を入れた鍋をのせ重石にして焼く

これ以上ないぐらいキレイ。
噛んだらすぐなくなる！

牛肉の塩釜焼き

パーティやおもてなしに喜ばれる豪華な一品

材料（作りやすい分量）

牛ももまたはひれ肉（塊）…700g
粗塩…800g
卵白…2個分
イタリアンパセリ…6枝
ローズマリー…4枝
タイム…1/2パック
サラダ油…大さじ1

ここが
志麻ワザ！

冷蔵庫から出したばかり
の肉は中心に火が入る
まで時間がかかるので、
必ず室温に戻すこと

作り方

① 牛肉は調理する1〜2時間前に出して室温に戻す。イタリアンパセリはみじん切りに、ローズマリーとタイムは枝から葉を外す。

② ボウルに塩、卵白、①のハーブ、こしょうを入れ混ぜ合わせる。

③ フライパンにサラダ油を入れて強火で熱し、①の牛肉を入れ、すべての面に焼き色を付ける。キッチンペーパーで余分な脂を拭き取る。

④ 天板にオーブンシートを敷き、②の半量の塩を広げる。③の肉をのせ、残りの塩で全体を包む。

⑤ 230度に予熱したオーブンで30分ほど焼く。

⑥ 粗熱が取れたら、塩釜を手で割って肉を取り出し、好みの厚さに切る。

塩で肉全体を囲む。上からギュッと握って肉と塩を密着させること。薄く焼き色が付くまで焼く

納豆万能ソース
＆納豆ふろふき大根

納豆ソースは作り置きもOK。ご飯や他の野菜とも相性よし

材料（作りやすい分量）

大根（3cm幅に切り、皮をむく）…2/3本
納豆ソース

> 納豆…4パック
> グレープフルーツ（絞り汁）…1/4個分
> にんにく（みじん切り）…1片分　　しょうゆ…小さじ1
> しょうが（みじん切り）…1片分　　米酢…小さじ1
> 万能ねぎ（小口切り）…6本分　　ラー油…大さじ1

作り方

① 鍋に湯を沸かし、竹串がすっと通るまで大根を30分
　 ほどゆでる。

② 納豆ソースを作る。ボウルに納豆と付属のタレを入れ
　 てよく混ぜ、グレープフルーツの絞り汁とにんにく、
　 しょうが、万能ねぎを入れて混ぜる。

③ しょうゆ、酢、ラー油を加えて混ぜ合わせる。

④ 器に①を盛り、③の納豆ソースをかける。

やさしい！
大根がより甘く感じます

洋風しょうが焼き

リクエストは熊本特産の晩白柚。
グレープフルーツでも代用OK！

材料（2人分）

豚肩ロース肉（しょうが焼き用）…300g
グレープフルーツ…1個　　　　バルサミコ酢…大さじ1と1/2
セロリ…1本　　　　　　　　　しょうゆ…大さじ2
しょうが（せん切り）…1片分　砂糖…小さじ2
ブロッコリー…1/2株　　　　　サラダ油…大さじ1

作り方

① グレープフルーツは小房に分け、果肉を4等分に切る。
　 セロリはピーラーで筋を取り、斜め薄切りにする。ブ
　 ロッコリーは小房に分け、熱湯で1分ほどゆでる。

② フライパンにサラダ油を強火で熱し、豚肉を1枚ずつ
　 入れて両面を焼く。

③ キッチンペーパーで余分な脂を拭き取り、①のグレー
　 プフルーツとセロリを入れて炒める。

④ バルサミコ酢、しょうゆを入れて炒め、しょうがと砂糖
　 を加えてさっと炒める。肉を取り出し、フライパンに
　 残った汁を強火で煮詰めてタレを作る。

⑤ 器に肉とブロッコリーを盛り、タレをかける。

照りがよくて、香りもいい！
高級しょうが焼き！

なすと納豆の甘味噌炒め

なすを少ない油で揚げ焼きにするから手間いらず

材料（2人分）

なす…3本	にんにく（みじん切り）…1片分
納豆…2パック	しょうが（みじん切り）…1/2片分
A { 味噌…大さじ1	万能ねぎ（小口切り）…5本
みりん…大さじ1	大葉（細切り）…3枚
砂糖…小さじ1	サラダ油…大さじ2
	ごま油…大さじ1

作り方

① なすは乱切りにする。

② フライパンに多めのサラダ油を入れて中火で熱し、なすを揚げ焼きにする（約6分）。ざるに上げて余分な油分を切る。

③ フライパンにごま油を中火で熱し、にんにく、しょうがを入れて炒める。香りがしてきたら、納豆とA、②のなすを入れて、納豆をほぐしながら炒める。

④ ③に大葉、万能ねぎを加えさっと炒め合わせる。

キャベツのオーブン焼き

簡単だけど本格的！　アンチョビソースが味の決め手

材料

キャベツ…1/4個
アンチョビ（みじん切り）…3切れ
おろしにんにく…1片分
塩・こしょう…適量
オリーブ油…大さじ2

作り方

① キャベツは縦2等分に切る。

② ボウルにおろしにんにく、アンチョビ、オリーブ油を入れよく混ぜる。

③ キャベツの切り口に②を塗り、190度に予熱したオーブンで20分ほど焼く。

④ 器に盛り、オリーブ油（分量外）をかけ、塩・こしょうをふる。

PART

3

渡辺美奈代さん
リクエスト

「　料理のバリエーションを
広げてくれる
肉と魚に合うソースが知りたい 」

100種類はあるという志麻さんのソースのレパートリーから
絶品ステーキソースや魚介や鶏肉にも合うソースなど
家庭で簡単にできるアレンジ料理を
教えていただきました！

MENU

とっても美味しい！

材料（4人分）

牛もも肉（塊）…500g

梅味噌

A
- 赤味噌…大さじ3
- 合わせ味噌…大さじ3
- みりん…大さじ1
- 砂糖…大さじ1
- 梅干し…3粒

作り方

梅干しの塩分によって
塩気が強くなるので味
噌の量で調整すること

ここが
志麻ワザ！

80度くらいの湯で沸騰さ
せずに静かに煮ることで
しっとり柔らかく仕上がる

薄く切って薬味を巻い
て食べたり、ご飯にの
せたり、大根おろしを
添えても

1 梅干しはタネを取り果肉を細かく刻む。ボウルに
Aを入れて混ぜ合わせておく。牛肉は常温に戻
す。

2 鍋に湯を沸かし、1の牛肉を入れてごく弱火で
5分ほどゆでる。ざるに上げたらキッチンペー
パーで肉の水気を拭き取る。

3 肉の表面全体に1の梅味噌を塗り、ラップで包
む。冷蔵庫に入れ1時間ほど漬け込む。

4 袋から取り出し、梅味噌をキッチンペーパーで軽
く拭き取り、好みの厚さに切る。

牛もも肉の梅味噌漬け

おもてなしの一品も短時間ゆでるだけだから失敗なし

韓国風ヒラメのエスカベッシュ

野菜たっぷり。ピリ辛風味の南蛮漬け

材料（作りやすい分量）

ヒラメ（切り身）※…4切れ
きゅうり…1/2本
セロリ…1/3本
にんじん…1/3本
玉ねぎ…1/8個
白菜キムチ…100g
レモン汁…1/4個分
しょうゆ…小さじ1
薄力粉…大さじ1
塩・こしょう…適量
オリーブ油…大さじ2

※他の白身魚でも代用可

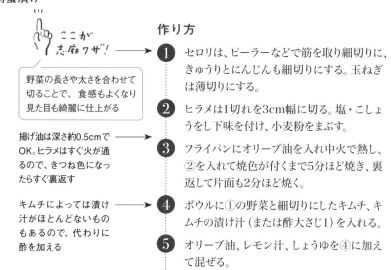

ここが
志麻ワザ！

野菜の長さや太さを合わせて
切ることで、食感もよくなり
見た目も綺麗に仕上がる

揚げ油は深さ約0.5cmで
OK。ヒラメはすぐ火が通
るので、きつね色になっ
たらすぐ裏返す

キムチによっては漬け
汁がほとんどないもの
もあるので、代わりに
酢を加える

作り方

1. セロリは、ピーラーなどで筋を取り細切りに、きゅうりとにんじんも細切りにする。玉ねぎは薄切りにする。

2. ヒラメは1切れを3cm幅に切る。塩・こしょうをし下味を付け、小麦粉をまぶす。

3. フライパンにオリーブ油を入れ中火で熱し、②を入れて焼色が付くまで5分ほど焼き、裏返して片面も2分ほど焼く。

4. ボウルに①の野菜と細切りにしたキムチ、キムチの漬け汁（または酢大さじ1）を入れる。

5. オリーブ油、レモン汁、しょうゆを④に加えて混ぜる。

6. 器に③を盛り、上に⑤をのせる。

渡辺美奈代さん リクエスト！

ソースをマスターすれば、いつもの食材が即ランクアップ

・志麻さんのソースレシピ・

ただ刺身を並べただけ、ただ肉や魚を焼いただけの一皿も、ソースを加えるだけでたちまちごちそうに！

「ストックできるソース 教えて！」

冷蔵庫で3日間OK！

タコのシチリア風ソース

ストックすれば… バゲットにのせたりパスタにからめても美味しい！

材料（4人分）
真ダコ（ボイル）…150g
ミニトマト…20個
アンチョビ…3枚
ブラックオリーブ（種無し）…16粒
ケッパー…小さじ2
レモン汁…1/2個分
バジル…適量
オリーブ油…適量

作り方
1. タコは、薄いそぎ切りにする。
2. シチリア風ソースを作る。ミニトマトは4等分に、ブラックオリーブは半分に切る。ケッパー、アンチョビはみじん切りにする。
3. ボウルに②とレモン汁を入れ混ぜ合わせる。
4. 器に①のタコを円を描くように盛り、③のシチリア風ソースをかける。
5. オリーブ油を回しかけ、バジルの葉を飾る。

真鯛のタプナードソース

ストックすれば… ソテーした魚や野菜バゲットにのせても美味しい！

アンチョビと喧嘩せずに調和されたソースが美味しい！

材料（2人分）
真鯛（切り身）…2切れ
タプナードソース
A ┌ ブラックオリーブ（種無し）…10粒
　│ アンチョビ…1枚
　│ ケッパー…小さじ1
　│ にんにく…1片
　└ オリーブ油…小さじ2
イタリアンパセリ（葉）…適量
塩・こしょう…適量
オリーブ油…大さじ1

作り方
1. 真鯛は両面にしっかりめに塩・こしょうをし、下味を付ける。
2. フライパンにオリーブ油大さじ1を弱火で熱し、①の真鯛を皮目から入れて10分焼き、裏返して2分焼く。
3. タプナードソースを作る。ブラックオリーブ、アンチョビ、ケッパー、にんにくはみじん切りにする。すべてボールに入れ、オリーブ油小さじ2を加えてよく混ぜ合わせる。
4. 器に②の真鯛を盛り、③のタプナードソースをのせイタリアンパセリを飾る。

「簡単ですぐできるスペシャルなソース 教えて!」

ヒラメのブールブランソース

白身魚と相性抜群。
白いバターソースは乳化がポイント

ブールブラン
ソースは
他にも…

> ゆでた野菜や、シンプルに焼いたり蒸したりした魚 (サケやタイなど) にかけても、おいしい!

材料 (2人分)

ヒラメ (切り身) ※…2切れ	ブールブランソース
玉ねぎ (薄切り) …1/4個	玉ねぎ…1/4個
キャベツ…1/2個	白ワイン…50ml
白ワイン…50ml	A バター…30g
	レモン汁…1/4個分
※他の白身魚でも代用可	塩・こしょう… 適量

作り方

① ヒラメは、1切れを5cm幅に切る。塩・こしょうをし下味を付ける。

② 玉ねぎは薄切りにする。キャベツはざく切りにし、熱湯で2分ほどゆで、ざるに上げて水気を切る。

③ フライパンの底に②の玉ねぎを並べ、ヒラメを皮目が上になるようにのせる。白ワインを入れて中火で熱し、10分ほど煮る。

④ ブールブランソースを作る。フライパンにAの白ワイン、玉ねぎを入れ中火で熱し、塩・こしょうをして3分ほど煮詰める。

⑤ バターを入れたら弱火にし、ホイッパーでよく混ぜて乳化させる。仕上げにレモン汁を入れる。

⑥ 器に②のキャベツを盛り、③のヒラメをのせブールブランソースをかける。

タコのエスカルゴバターソース

魚介だけでなく肉も野菜もOK。
覚えておきたい万能ソース

まるでレストランにいるみたい!

材料 (2人分)

真ダコ (ボイル) …200g
マッシュルーム…6個
にんにく (みじん切り) …40g
バター…30g
パセリ (みじん切り) …大さじ6
塩・こしょう…適量

作り方

① マッシュルームは半分に切る。タコは大きめのひと口大に切る。

② フライパンにバターとにんにくを中火で熱し、パセリを入れて炒め、塩・こしょうをする。

③ ①のマッシュルームを入れ4分ほど炒める。

④ タコを加えて1分半ほど炒め、全体にソースをからめる。

エスカルゴ
バターソースは
他にも…

> ゆでたじゃがいもやステーキ、白身魚フライと合わせたり、パンに塗ってトーストしても、おいしい!

「せっかくなので**旨味が溶けた肉汁をソースに**展開したい！」

鶏手羽先の香草オレンジソース

オレンジのすっきりとした甘さとハーブの
爽やかな風味が好相性

材料（2人分）

鶏手羽先…8本
オレンジ…1個
ミントの葉…20枚
パクチー（みじん切り）…10g
ブロッコリー…1/2株
コンソメ（固形）…1個
白ワイン… 50ml
塩・こしょう…適量
オリーブ油…適量

ここが
志麻ワザ！

肉を焼いた後にフライパン
に残る肉汁には旨味
がたっぷり。ソースに加
えましょう

作り方

① 鶏肉はしっかりめに塩・こしょうをし下味を付ける。
オレンジの半分は果汁を搾り、半分は小房に分ける。

② ブロッコリーは小房に分ける。熱湯で2分ほどゆでて、
ざるに上げて水気を切る。

③ フライパンにオリーブ油を中火で熱し、①の鶏肉を皮
目から入れ両面をこんがり焼く（片面1分半ずつ）。焼
けたら鶏肉は取り出しておく。

④ ③に白ワインを入れ強火で熱し、フライパンに残った
肉の旨味をこそげ落とし、ひと煮立ちさせる。

⑤ ④に鶏肉を戻し入れ、水300ml（分量外）、コンソメ
を入れる。フタをして、弱めの中火で20分ほど蒸し煮
にする。

⑥ 鶏肉をいったん取り出し、残った煮汁を半量まで煮
詰める。オレンジ果汁、手でちぎったミントの葉とパク
チーを入れて混ぜ、塩・こしょうで味を調える。

⑦ 鶏肉を戻し入れ、ソースを全体にからめる。

⑧ 器に、鶏肉と②のブロッコリー、オレンジを盛り、ソー
スをかける。

33

せっかくなので**旨味が溶けた肉汁をソースに**展開したい！

牛ひれ肉のオニオンソース

旨味たっぷりの肉汁と炒め玉ねぎで作る絶品ソース

材料（2人分）

牛ひれ肉（ステーキ用）　　コンソメ（固形）…1/2個
　…2枚（400g）　　　　　塩・こしょう…適量
玉ねぎ…1/2個　　　　　　オリーブ油…大さじ1
バター…10g　　　　　　　イタリアンパセリ
　　　　　　　　　　　　　　（粗みじん切り）…適量

作り方

① 牛肉は常温に戻し、しっかりめに塩・こしょうをし下味を付ける。玉ねぎはみじん切りにする。

② 十分に熱したフライパンにオリーブ油を入れ、牛肉を強火で1分焼く。弱火にして1分焼いたら裏返し、強火で1分焼く。

③ アルミホイルに包み10分ほど寝かす。肉汁を落ち着かせ余熱で火を通す。

④ ②のフライパンに玉ねぎを入れ弱火で熱し、しんなりするまでじっくり炒める。水200ml（分量外）とコンソメ、③に残った肉汁を入れ半量になるまで煮詰める。最後にバターを加える。

⑤ 肉は好みの厚さに切って器に盛り、④のオニオンソースをかけイタリアンパセリを散らす。

豚肉のノルマンディーソース

豚肉は動かさずに焼くのがコツ。ソースがクリーミー！

材料（2人分）

豚もも肉（ステーキ用）…2枚（400g）
ブラウンマッシュルーム…6個　　生クリーム…50ml
ほうれん草…1/2把（100g）　　　塩・こしょう…適量
白ワイン…100ml　　　　　　　サラダ油…大さじ1

作り方

① 豚肉は常温に戻し、しっかりめに塩・こしょうをし下味を付ける。マッシュルームは薄切りにする。

② ほうれん草は熱湯で、1分ほどゆでる。ざるに上げて水気を切り3cm幅に切る。

③ フライパンにサラダ油を強火で熱し、豚肉を入れフライ返しなどで押さえながら両面を焼く（片面2分ずつ）。

④ 豚肉をフライパンの端に寄せ、空いたところにマッシュルームを入れて炒める。白ワインを入れたら中火にし、フタをして5分ほど煮る。

⑤ 豚肉を取り出し、④に残った煮汁を1/3くらいまで煮詰めたら、豚肉を戻す。生クリームを加えてトロミがついたらソースを全体にからめ、塩・こしょうで味を調える。器にほうれん草を盛り、豚肉とマッシュルームをのせ上からソースをかける。

PART

4

杉山愛さん
リクエスト

「 にんにく・卵・サバ缶や
夏食材を使った料理を教えて 」

夏の別荘での食事ということで、トマトやイワシを使ったメニュー、
常備しているというサバ缶や、卵を使ったおしゃれ料理など、
見た目も豪快なおもてなし料理を披露しました。

MENU

牛肉のカマンベール包み焼き

見た目も味も大満足。
ホームパーティやクリスマスのご馳走に

材料 (作りやすい分量)
牛もも薄切り肉…8枚 (200g)
トマト…1個
カマンベールチーズ…2個
ローズマリー…適量
タイム…適量
塩・こしょう…適量
オリーブ油…適量

作り方

① カマンベールチーズは横半分に切る。トマトは上下を少し切り落とし、3cmの厚さの輪切りを2枚作る。

ここが
志麻ワザ!

トマトをはさむことで、牛肉が硬くならずトマトから出る水分でしっとり柔らかに

② カマンベールにトマト1枚を挟み、牛肉4枚で包む。もう1つも同様にはさみ、それぞれ塩・こしょうをする。

オリーブ油をまわしかけて焼くことで、ハーブの香りを閉じ込め肉の乾燥を防いでくれる

③ 200度に予熱したオーブンに入れ、ローズマリーとタイムをトマトの上にのせ、オリーブ油適量 (分量外) をかけ15分ほど焼く。

cheers!

牛肉4枚を放射状に広げ、中央にトマトをはさんだカマンベールチーズをのせる。チーズが溶け出さないようにしっかり全体を包むこと

トマトそうめんのカッペリーニ風

素早くできるトマトソースなら、アレンジも自在に！

材料（2人分）

そうめん…50g
トマト（小）…2個
はちみつ…大さじ1
バルサミコ酢…大さじ2
イタリアンパセリ
　（万能ねぎでも可）…適量
塩・こしょう…適量
オリーブ油…適量

洗うことでそうめんの表面のぬめりを取り、氷水につけることで、滑らかでツルツルの食感になる

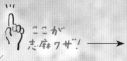 ここが志麻ワザ！

旬の時期や品種によってトマトの甘さが異なるので、はちみつで甘さを調整して

作り方

1　そうめんはたっぷりの湯で袋の表示時間通りにゆでる。冷水でよく洗い氷水で麺を引き締める。ざるに上げて水気を切る。

2　トマト、はちみつ、バルサミコ酢をミキサーにかけピューレ状にする。塩・こしょうで味を調える。

3　②を器に盛り、そうめんをのせる。オリーブ油を回しかけイタリアンパセリを飾る。

 冷製パスタのよう！
食欲ない時でもたくさんいけちゃう

イワシライス

イワシをたっぷり使ったスパイシーなピラフ
ケーキのように切り分けて召し上がれ

この本をどこでお知りになりましたか?(複数回答可)
. 書店で実物を見て　　　　2. 知人にすすめられて
. テレビで観た(番組名:　　　　　　　　　　　)
. ラジオで聴いた(番組名:　　　　　　　　　　)
. 新聞・雑誌の書評や記事(紙・誌名:　　　　　　)
. インターネットで(具体的に:　　　　　　　　　)
. 新聞広告(　　　　新聞)　8. その他(　　　　　)

購入された動機は何ですか?(複数回答可)
. タイトルにひかれた　　　2. テーマに興味をもった
. 装丁・デザインにひかれた　4. 広告や書評にひかれた
. その他(　　　　　　　　　　　　　　　　　)

この本で特に良かったページはありますか?

最近気になる人や話題はありますか?

この本についてのご意見・ご感想をお書きください。

以上となります。ご協力ありがとうございました。

イワシ20枚を皮目を上 ← ここが
にして放射状のせる。　　　志麻ワザ!

焼くと縮むので、イワシ
をあらかじめ耐熱皿から
少しはみ出すように並べ
るとよい

6 残りのバターをちぎってのせ、200度に予熱した
オーブンで30分焼く。レモン(分量外)をしぼっ
ていただく。

**イワシの脂がのってていい香り!
ゴボウの食感も合う**

39

飲むとにんにくの
ガツンとしたにおいではなく、
甘い香りがして、美味しい！

鶏手羽先の香草クリームチーズ詰め

骨を外して肉を袋状に。
具を詰めて焼くだけのボリュームおかず

材料 (2人分)
鶏手羽先…8本
長ねぎ…1/3本
大葉…3枚
パセリ…大さじ1
おろしにんにく…1片分
クリームチーズ…90g
レモン汁…1/4個分
ハーブ (あれば) …適量
塩・こしょう…適量
オリーブ油…大さじ1

作り方

① 長ねぎ、大葉、パセリはみじん切りにする。クリームチーズは室温に戻して柔らかくしておく。

② ボウルに、①とレモン汁を入れよく混ぜる。おろしにんにくを入れ、塩・こしょうをする。

③ 鶏手羽先の骨は抜き取る。②を詰めて、両面にしっかりめに塩・こしょうをする。

① チョキ！　② ググッ　③ ポキッ

ここが
志麻ワザ！

骨の端にある筋をハサミで切り外し (①)、1本ずつ肉を押して骨をむき出しにして (②)、骨をクルクル回すと簡単に外れる (③)

④ フライパンにオリーブ油を中火で熱し、③の鶏肉を皮目から入れて両面を焼く (片面10分ずつ)。

⑤ 器に盛り、ミントやイタリアンパセリなどを飾る。

にんにくのヴィシソワーズ

じゃがいものような味と食感。
にんにくを長くゆでることで臭みを消す効果も

材料 (作りやすい分量)
にんにく…4玉
玉ねぎ (薄切り) …1/4個分
バター…20g
牛乳…600ml
コンソメ (固形) …1個
万能ねぎ (みじん切り) …適量
塩・こしょう…適量

ここが
志麻ワザ！

玉ねぎは、あまり触らずに時々混ぜるようにして炒める。焦げると苦味が出てしまうので注意

作り方

① にんにくは皮をむき、熱湯で15分ほどゆでる。

② 鍋にバターと玉ねぎを入れ中火で熱し、塩ひとつまみを入れて炒める。

③ 玉ねぎがしんなりとしたら、①のにんにく、牛乳300ml、コンソメを入れて 弱火で30分ほど煮る。

④ ③に牛乳300mlを加えて温めたら、滑らかになるまでミキサーにかける。ざるでこし、塩・こしょうで味を調える。

⑤ 器に盛り、万能ねぎを散らす。

メキシコ風焼きとうもろこし

マヨとチーズとスパイスの黄金トリオ！

材料（2人分）

とうもろこし…2本
マヨネーズ…大さじ2
パルメザンチーズ…小さじ1
チリパウダー…小さじ1/3
黒こしょう…適量
レモン（くし切り）…1/2個分

作り方

1. とうもろこしは皮をつけたままラップに包み、電子レンジで5分加熱する。裏返してさらに5分加熱する。とうもろこしの季節ではない場合、すでにゆでてある真空パックを使ってもOK。

2. マヨネーズを全体に塗り、パルメザンチーズとチリパウダーをまぶしオーブントースターまたは魚焼きグリルで約5分焼く。途中で裏返し、チーズに全体の半分程度、軽く焼き色が付くまでを目安に。チーズとスパイスの量は好みに合わせて調整してOK。

3. 器に盛り、レモンを添える。

サバとヨーグルトがすごく合う！

サバ缶のヨーグルトサラダ

ヨーグルトとレモンがサバの臭みを消してくれる

材料（2人分）

サバの水煮…1缶
セロリ…1/3本
きゅうり…1/2本
にんじん…1/4本
ヨーグルト（無糖）…100g
レモン…1/4個
塩・こしょう…適量

作り方

1. ヨーグルトは、キッチンペーパーを敷いたざるに入れて1時間ほど水切りをする。

2. セロリはピーラーで筋を取り細切りに、きゅうりとにんじんも細切りにする。

3. ボウルに粗くほぐしたサバの水煮（汁を除く）と、①の水切りヨーグルト、②の野菜、レモン汁を入れ混ぜ、塩・こしょうで味を調える。

PART

5

野口健さん
リクエスト

「

ヘルシーなのに激旨な
メニューを教えてほしい

」

食材は大好きなモロヘイヤに季節の野菜やフルーツ、
低カロリーな鶏むね肉やラム肉など。
スパイスもたっぷり、食べ始めたら止まらない！
ヘルシーな絶品料理が並びました。

MENU

いもがきめ細かくて
サンマになじみます

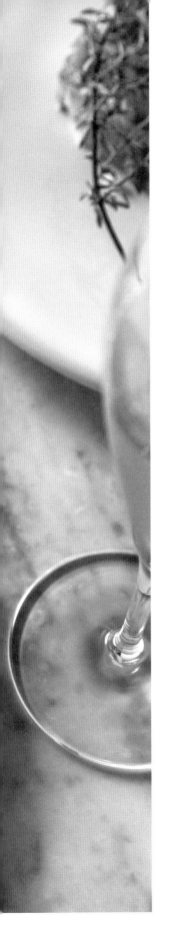

サンマのテリーヌ

専用の型は必要なし。こんがり焼いたサンマとマッシュポテトを重ねるだけ

材料 (作りやすい分量)
サンマ…6尾
じゃがいも (メイクイーン)…4個
マヨネーズ…大さじ2
レモン汁…小さじ1/2
塩・こしょう…適量
サラダ油…大さじ1

作り方

店頭で3枚におろして
あるサンマを買うと楽
に作れます

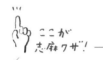

レンジにかけたじゃが
いもは、途中で上下を
返すことで、均一に加
熱ができ、ホクホクの
仕上がりになる

じゃがいもはペースト
状になるまでしっかり
と混ぜる。ざるでこすと
より滑らかに

サンマのゼラチン質の
みで固めているため冷
蔵庫に入れて1時間以
上冷やすこと。寝かせ
ることで味も食感も
しっとりまとまる

① サンマは3枚におろす。しっかりめに塩・こしょう
をし下味を付ける。

② フライパンにサラダ油を中火で熱し、サンマを皮
目から入れ3分焼いたら裏返し、片面を1分焼く。

③ じゃがいもは皮ごと1個ずつラップに包み、電子
レンジに8分かける (4分たったら上下を返す)。
皮をむいて、フォークなどでつぶす。

④ ボウルに③のじゃがいも、マヨネーズ、レモン汁
を入れてよく混ぜる。

⑤ アルミホイルの上にラップを敷き、サンマを皮目
を上にして3枚並べる。

⑥ 上に④のじゃがいもの1/3量をのせる。同じ作業
をあと2回繰り返し、最後にサンマを上に重ねる。
そのままアルミホイルで包み、冷蔵庫で1時間ほ
ど寝かせる。

⑦ アルミホイルに包んだまま縦4等分に切る。

サンマ、マッシュポテトの順に4層
に重ね、アルミホイルで包む。上か
ら手で押さえてドーム型に整える。

45

マスカットをつけることで、
肉に入った塩味の美味しさが
強調される

ローストポークのマスカットソース

フルーツの上品な甘さが加わることで洗練された味に

材料 (作りやすい分量)

豚もも肉 (塊)…700g
マスカット (ブドウでも可)
　…20粒
塩・こしょう…適量
オリーブ油…大さじ1

味つけは塩・こしょうだ
けなのでしっかりめに下
味を付ける。塩の量は肉
の重さの0.8%を目安に

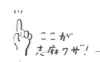
ここが
志麻ワザ!

マスカットを後から加えること
で旨味も食感も楽しめます。
もちろん安価なブドウでも
OK。りんごもおすすめ

作り方

1 豚肉は室温に戻しておく。しっかりめに塩を
揉み込み15分ほどおく。表面に出てきた水
分はキッチンペーパーで拭き取る。

2 全体にオリーブ油をかけ、こしょうをする。

3 190度に予熱したオーブンで40分ほど焼く。

4 豚肉を裏返し、肉の周りにマスカットをのせ、
さらに10分ほど焼く。

5 器に好みの厚さに切った豚肉とマスカット
を盛り、オーブンに残った肉汁をかけてい
ただく。

ポーチドエッグときのこの赤ワインソース

赤ワインソースのコクと香りが加わって、大人の味わいに

材料 (作りやすい分量)

しいたけ…6個
まいたけ…1/2パック
しめじ…1パック
ベーコン…2枚

ポーチドエッグ

A
- 卵…4個
- 酢…大さじ1
- 水…適量
  (鍋に深さ10cm程度)
- 塩…ひとつまみ

赤ワインソース

B
- 玉ねぎ (みじん切り)
  …1/4個
- バター…30g
- 小麦粉…大さじ1
- コンソメ (固形)…1/2個
- 赤ワイン…300ml
- 水…200ml

パセリ (みじん切り)…適量
塩・こしょう…適量
オリーブ油…大さじ1

卵は新鮮なものを。なかなか卵が浮きあがってこない時は、塩を多めに入れる

酸味が強い場合は、砂糖やはちみつを加える。ソースは2、3日は保存可能

ここが志麻ワザ!

きのこは水分を逃さないため、動かさず焼きつけるように炒めて

作り方

1 Aのポーチドエッグを作る。鍋に分量の湯を沸かし、酢と塩を入れる。沸騰したら、卵を割り入れ、浮いてきたら白身を集めて箸を添える。2分ほど煮たら、穴あきお玉などで氷水に取る。

2 Bの赤ワインソースを作る。鍋にバターと玉ねぎを弱火で熱し、玉ねぎがしんなりするまで炒める。

3 小麦粉を②に入れ炒める。粉気が無くなったら赤ワインを入れ強火にし、半量まで煮詰める。

4 水200ml (分量外) とコンソメを入れて水が1/3になるまで煮る。ざるでこし、ひと煮立ちしたら完成。

5 フライパンにバター 20g (分量外) を中火で熱し、泡が消えてバターが色づいてきたらきのこを入れて炒める。さらにベーコンを加えて炒めて塩・こしょうで味を調える。

6 器にポーチドエッグと⑤を盛り、赤ワインソースをかけパセリを散らす。

ワインの味を卵が
口の中で包み込んでくれる!

ラムカレー

フルーツたっぷり。甘くてスパイシーな味わいがクセになる

材料（作りやすい分量）

ラムもも肉…700g
玉ねぎ（薄切り）…1/2個
バナナ…1本
りんご（すりおろし）…1個分
カットトマト缶…1缶（400g）
コンソメ（固形）…2個
バター…10g
白ワイン…50ml

スパイス
A
カレー粉…大さじ1
コリアンダー…小さじ1
クミン…小さじ1
塩・こしょう…適量

小麦粉…大さじ1〜2
サラダ油…大さじ1

スパイスを肉に揉み込みマリネすることでラム肉特有の臭みを消す

ここが 志麻ワザ!

フルーツの酵素には肉を柔らかくする効果が。口当たりもまろやかに

作り方

① ラム肉は大きめのひと口大に切り、塩こしょう（分量外）する。

② ボウルに①のラム肉とAのスパイスを入れよく揉み込み30分ほどしたら、小麦粉をまぶす。

③ フライパンにサラダ油を中火で熱し、②の表面を焼いたら（片面2分ずつ）取り出しておく。

④ ③のフライパンにバターを中火で熱し、玉ねぎをしんなりするまで炒めたら、小麦粉大さじ1（分量外）を入れて炒め、白ワインを加えひと煮立ちさせる。

⑤ 鍋に③のラム肉と④、水300ml（分量外）を入れ中火で熱し、バナナをつぶしながら入れる。

⑥ りんごのすりおろし、カットトマト、コンソメを加えて40分ほど煮る。

⑦ 器にご飯（分量外）を盛り、⑥のカレーをかける。

揚げないチキンナゲット

鶏むね肉＆ノンフライだからヘルシー！
衣のサクサクの食感が楽しい

材料（2人分）

鶏むね肉…1枚（300g）

スパイス（お好みで）
A
チリパウダー…大さじ1
クミンパウダー …小さじ1
※辛いのが苦手な方やお子さんにはカレー粉もオススメ！
マヨネーズ…大さじ1
コーンフレーク…45g
レモン（くし切り）…1/4個分
塩・こしょう…適量
オリーブ油…適量

ここが 志麻ワザ!

マヨネーズの油分でコーティングするので淡白なむね肉がジューシーに

ボウルの中でにぎりつぶすようにすると飛び散らずに細かくできる。均一に肉にまぶすことで焼きムラも防げる

作り方

① 鶏むね肉は、繊維に逆らって厚めのそぎ切りにし、塩・こしょうをする。Aのスパイスをよく揉み込み、マヨネーズを全体にからめる。

② 手で砕いたコーンフレークを①にまぶす。天板にオーブンペーパーを敷き、並べる。

③ オリーブ油を回しかけ、200度に予熱したオーブンで20分ほど焼く。

④ 器に盛り、レモンを添える。

パサつき感ゼロでジューシーなまま。
これはうまい！

肉が柔らかいどころじゃない。
ラム肉のクセもなくて
りんごとバナナがフルーティ！

メインが肉汁です。
黒こしょうも辛いというより
香ばしい！

牛ももステーキの黒こしょう風味

砕いた黒こしょうの香りと食感、クリーミーなソースがクセになる

材料（作りやすい分量）

牛もも肉（ステーキ用）…1枚（200g）
黒粒こしょう…大さじ2
白ワイン…50ml
生クリーム…50ml
塩…適量
オリーブ油…大さじ1

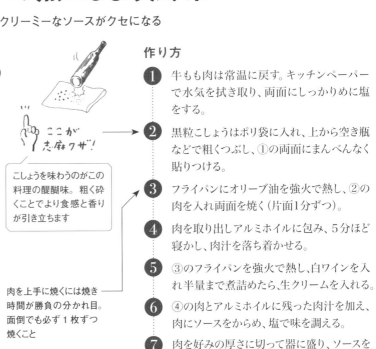

ここが
志麻ワザ！

こしょうを味わうのがこの
料理の醍醐味。粗く砕
くことでより食感と香り
が引き立ちます

肉を上手に焼くには焼き
時間が勝負の分かれ目。
面倒でも必ず1枚ずつ
焼くこと

作り方

1 牛もも肉は常温に戻す。キッチンペーパーで水気を拭き取り、両面にしっかりめに塩をする。

2 黒粒こしょうはポリ袋に入れ、上から空き瓶などで粗くつぶし、①の両面にまんべんなく貼りつける。

3 フライパンにオリーブ油を強火で熱し、②の肉を入れ両面を焼く（片面1分ずつ）。

4 肉を取り出しアルミホイルに包み、5分ほど寝かし、肉汁を落ち着かせる。

5 ③のフライパンを強火で熱し、白ワインを入れ半量まで煮詰めたら、生クリームを入れる。

6 ④の肉とアルミホイルに残った肉汁を加え、肉にソースをからめ、塩で味を調える。

7 肉を好みの厚さに切って器に盛り、ソースをかけクレソン（分量外）をそえる。

モロヘイヤとナッツのイカ飯風

口の中に広がる食感の違いが楽しい。蒸し煮にするのでイカもふっくら

材料（4人分）

イカ…2杯
モロヘイヤ※…50g
にんにく（みじん切り）…1片分
ミックスナッツ…25g
パン粉…大さじ1
オリーブ油…大さじ1

※ほうれん草でも可

胴体に爪楊枝で穴を数カ所あけ
ておくと、焼いた時に破裂するの
を防止できる

作り方

1. イカは内臓と足を取り除く。ゲソは細かく切る。ミックスナッツも細かく切る。モロヘイヤの葉はちぎる。

2. フライパンにオリーブ油とにんにくを弱火で熱し、イカゲソを入れて炒める。

3. モロヘイヤ、ミックスナッツの順に入れ4分ほど炒めたら、パン粉を入れて炒め、塩・こしょうで味を調える。

4. イカの胴体に③を詰め、口を爪楊枝で閉じ、塩・こしょうをする。

5. フライパンにオリーブ油を強火で熱し、④を入れ両面を焦げ目がつくまで焼く（片面2分ずつ）。

6. 水50ml（分量外）を加え、フタをして5分ほど蒸し焼きにする。食べやすい大きさに切り器に盛る。

ここが
志麻ワザ！→
イカは焼くと縮むのであまり具を詰めすぎないこと。8分目くらいまでに

51

作っているところを見なければ、
味噌が入っているって
わからない！

とっても美味しい！

秋鮭のマスタード焼き

マスタードの酸味とこんがり焼けたパン粉がマッチ

材料（2人分）

生鮭（切り身）…2切れ
ディジョンマスタード…大さじ1
パン粉…適量
塩・こしょう…適量
オリーブ油…適量

マスタードがパン粉の
接着剤に。また、高温
のオーブンで焼くこと
で辛みが飛ぶ

作り方

① 生鮭は両面に塩・こしょうをする。片面にマスタードを塗りパン粉をまぶす。

② 天板にアルミホイルを敷き、①を並べオリーブ油を回しかける。

③ 200度に予熱したオーブンで、10〜15分ほど焼く。
※オーブントースターを使用してもOK。

しょうがとオリーブのおにぎり

しょうがの爽やかな辛さとオリーブの塩気がアクセント

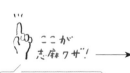

材料（作りやすい分量）

米…2合
しょうが…40g
酒…大さじ1
ブラックオリーブ（種無し）…4個

熱が入ると、しょうが
の辛みがやわらぐ

作り方

① しょうがは細切りにしてサッと洗う。米は研いでざるに上げる。

② 炊飯器に、①と酒を入れてから2合の目盛りまで水を入れて普通モードで炊く。

③ 炊き上がったらよく混ぜ、オリーブを中に入れておにぎりを握る。

洋風味噌汁

野菜の旨味でだしいらず。味噌とチーズの相性も抜群

材料（作りやすい分量）

玉ねぎ…1/4個
れんこん…100g
かぶ…1個
かぶの葉…10g
さつまいも…1/2本
味噌…大さじ2
モッツァレラチーズ…1個
塩…適量
オリーブ油…小さじ1

ここが
志麻ワザ！

塩をして炒め、その後じっ
くり蒸し煮をすることで、
野菜の旨味を引き出す

作り方

① 玉ねぎ、れんこん、かぶ、さつまいもは、2cm角に切る。かぶの葉はみじん切りにする。

② 鍋にオリーブ油を中火で熱し、玉ねぎを入れ塩ひとつまみ（分量外）をして炒める。

③ れんこん、かぶを入れたらフタをして10分ほど蒸し煮にする。さつまいもを入れて3分ほど煮る。

④ 水700ml（分量外）を入れ、野菜が柔らかくなるまで煮たら、味噌を入れて溶かす。

⑤ かぶの葉を加え、モッツァレラチーズを手でちぎりながら加える（チーズは余熱で火を通す）。

・レギュラー出演者から志麻さんにリクエスト・

いつもはスタジオからVTRを見るだけ、スタジオで試食するだけだったレギュラー陣が、
それぞれのリクエストを志麻さんに叶えてもらうチャンスが訪れました。

バナナマン
設楽さん
リクエスト！

ご飯にのせるだけじゃない！
辛子明太子の料理を教えて

じゃが明太

ヨーグルトの水分は切りすぎないで

材料（作りやすい分量）
じゃがいも（メイクイーン）…1個
辛子明太子…1腹
水切りヨーグルト…大さじ3
万能ねぎ（小口切り）…2本分
塩……適量

作り方
① ヨーグルトは半量になるまで水切りをし（30分〜1時間）、塩ひとつまみを入れて混ぜる。

② じゃがいもは皮つきのままラップで包み、電子レンジに6分かける（3分たったら上下を返す）。皮をむき、6等分の輪切りにする。

③ 明太子は薄皮を取り除く。

④ じゃがいもに、水切りヨーグルト、明太子の順にのせ、万能ねぎを飾る。

さっぱり明太子丼

大根おろしが爽やか。丼にせずにそのままおつまみとしても

材料（1人分）
辛子明太子…1腹　　酒…小さじ1
鶏ささみ…1本　　小麦粉…適量
アボカド…1/2個　　塩…適量
大根…6cm　　サラダ油…小さじ1/2
レモン汁…1/3個分　　ご飯…丼1膳分
半熟卵…1個

作り方
① 大根おろしを作り、汁気をさっと切る。明太子は薄皮を取り除く。アボカドは角切りにする。

② ささみは筋を取ってそぎ切りにする。塩と酒を揉み込んでから、小麦粉をまぶす。

③ フライパンにサラダ油を弱火で熱し、ささみを入れ両面をこんがり焼く。

④ ボウルに明太子、大根おろし、レモン汁を入れて混ぜ、③のささみとアボカドを加えて混ぜ合わせる。

⑤ 器にご飯を盛り、④をかけ、半熟卵を添える。

カズレーザーさんリクエスト！

ワンパターンになりがちな
マカロニのアレンジ料理を教えて

マカロニチーズのクリームコロッケ

外はサクサク、中はとろ〜り。揚げ焼きだから簡単！

材料（2人分）

マカロニ…80g
ホワイトソース
A
- バター…20g
- 小麦粉…30g
- 牛乳…200ml

とろけるチーズ…60g
パン粉…適量
サラダ油…適量

作り方

1. マカロニは、パスタをゆでる時に自分が美味しいと思うくらいの塩（湯に対して約1％）を入れたたっぷりの湯で、袋の表示時間通りにゆでる。

2. ホワイトソースを作る。鍋にバターを中火で熱し、バターが溶けたら小麦粉を入れて粉気がなくなるまで泡立て器で2〜3分混ぜる。

3. ふつふつと煮立ってきたら、牛乳を少しずつ入れてツヤが出てとろみがつくまで混ぜ合わせる。

4. ③をボウルに移し、とろけるチーズと①のマカロニを入れ混ぜる。スプーンで小判型にまとめ、パン粉をまぶす。

5. フライパンにサラダ油を0.5cmの深さまで入れ中火で熱し、④を入れ揚げ焼きにする。

滝沢カレンさんリクエスト！

旬を美味しく食べたい！
ホタルイカを使った料理を教えて

ホタルイカとブロッコリーの柿ピー和え

サクサクの食感を楽しむなら出来立てを

材料（作りやすい分量）

ホタルイカ…20杯　　七味とうがらし…適量
柿ピーナッツ…20g　　ごま油…小さじ1
ブロッコリー…1/2個

作り方

1. ホタルイカは目と口と軟骨を外す。柿ピーナッツは包丁で細かく刻む。

2. ブロッコリーは小房に分け、熱湯で2分ゆでたら、ざるに上げて水気を切る。

3. ボウルに、ブロッコリーとホタルイカ、七味唐辛子、ごま油を入れて混ぜる。

4. 柿ピーナッツを加えて、和える。

ホタルイカとじゃがいものタプナードソース

タプナードソースのアンチョビの代わりにホタルイカを活用

材料（2人分）

ホタルイカ…18杯　　　　クレソン…適量
じゃがいも　　　　　　　タプナードソース
　（メイクイーン）…1個　A
紫玉ねぎ…適量
- ブラックオリーブ（種無し）…5粒
- にんにく（みじん切り）…1/2片
- オリーブ油…30ml

作り方

1. ホタルイカは目と口と軟骨を外す。紫玉ねぎは薄切りにする。オリーブはみじん切りにする。

2. じゃがいもは皮つきのままラップで包み、電子レンジに6分かける（3分たったら上下を返す）。皮をむき、6等分の輪切りにする。

3. タプナードソースを作る。ボウルにオリーブ、にんにく、オリーブ油を入れ混ぜ合わせる。

4. 器にじゃがいもを盛り、上にホタルイカをのせる。③のソースをかけ、紫玉ねぎとクレソンの葉を飾る。

「こうきたか、志麻さん！」と言いたくなる
ありきたりじゃない、**アレンジトースト**を教えて

ピサラディエール

南仏の郷土料理のピザをトーストでアレンジ

材料（2人分）
食パン（6枚切り）…1枚
玉ねぎ…1個
オリーブ（種無し）…4粒
アンチョビ…1枚
塩…ひとつまみ
オリーブ油…大さじ1

作り方

❶ 玉ねぎは薄切りにする。オリーブは輪切りに、アンチョビは細かく切る。

❷ フライパンにオリーブ油を入れて弱火にかけ、フライパンが温まる前に①の玉ねぎを入れる。塩をして飴色になるまでじっくり炒める。

❸ 食パンに②をのせ、オリーブとアンチョビをのせる。

❹ 230度に予熱したオーブンで5分焼く。

揚げたてカレーパン

油を吸ったパン粉をのせて焼くことで揚げたてを再現

材料（2人分）
食パン（6枚切り）…2枚　　とけるスライスチーズ…2枚
じゃがいも　　　　　　　　パン粉…40g
　（メイクイーン）…2個　　サラダ油…大さじ2
カレールウ…40g

作り方

❶ じゃがいもは皮つきのままラップで包み、電子レンジに6分かける（3分たったら上下を返す）。皮をむいてフォークなどでつぶす。

❷ 鍋に水150ml（分量外）を入れて中火で熱し、沸騰したらカレールウを加えて溶かす。①のじゃがいもを入れ、混ぜる。

❸ 食パンに②を塗り、とけるスライスチーズをのせる。

❹ ボウルにパン粉とサラダ油を入れて混ぜ合わせ、③の上にのせる。

❺ オーブントースターで焦げ目がつくまで10分ほど焼き、4等分に切る。

チーズケーキ風トースト

熱々でいただくより
甘さを感じる冷めてからがおすすめ

材料（2人分）
食パン（6枚切り）…1枚　　レモン汁…小さじ1/2
クリームチーズ…50g　　　とろけるスライスチーズ
はちみつ…大さじ1　　　　　　…2枚

作り方

❶ クリームチーズは常温に戻し、柔らかくしておく。

❷ ボウルにクリームチーズとはちみつ、レモン汁を入れ混ぜ合わせる。

❸ 食パンに②を塗り、とろけるスライスチーズをのせる。

❹ 230度に予熱したオーブンで5分焼く。オーブントースターを使用してもOK。

草刈民代さん
周防正行さん
リクエスト

「
来客の時にサッと作れる
おもてなし料理が知りたい
」

「暮れの来客時のおもてなし料理を」という草刈さんには
野菜たっぷり、シンプルだけど美味しい
フランスの家庭料理を中心に教えていただきました。
周防監督からは
「大好物のイカ・タコ料理を」のリクエスト。

カリッとした甘味のコーティングが、
口の中で肉の味と合わさります

豚のキャラメル煮

キャラメルのほろ苦さがたまらない。洋風豚の角煮

材料 (作りやすい分量)

豚バラ肉(塊)…700g
ブロッコリー…1株
いんげん…10本
玉ねぎ(みじん切り)…大さじ1
グラニュー糖(砂糖でも可)…大さじ4
コンソメ(固形)…1個
バター…10g
塩・こしょう…適量
サラダ油…小さじ1

作り方

豚肉は煮込んでも
ボリューム感が出る
ようにひと切れ50g
くらいに

バラ肉は脂が多い
ので焼いた時に出
た余分な脂は、キッ
チンペーパーで拭
き取る

ここが
た麻ワザ！

一気に色が変わり焦げ
てしまうので鍋から目を
離さないこと。安全のた
め深めの鍋で調理する
のがおすすめ

1. 豚肉は3cm角に切り、塩小さじ1(分量外)をまぶし、こしょうをふる。

2. ブロッコリーは小房に分ける。いんげんは筋を取る。

3. ②を熱湯で2分ほどゆでて、ざるに上げて水気を切っておく。

4. 鍋に、③のゆで汁大さじ3とバターを入れ中火で熱し、バターが溶けたら、③と玉ねぎを入れてさっと炒める。

5. フライパンにサラダ油を中火で熱し、豚肉の表面が白っぽくなるまで焼き色を付ける。

6. 鍋にグラニュー糖か砂糖を入れ強火で熱し、時々、鍋を動かしながら煮詰める。煙が出て、濃い茶色になったら、火を止め、水500ml(分量外)を入れてフタをする。

7. ⑥に豚肉とコンソメを入れ、フタを少しずらしてのせ、強めの弱火で30分ほど煮込む。甘味が足りなければ、グラニュー糖か砂糖小さじ1を加える。

8. 器に豚肉を盛り、④をのせ、キャラメルソースをかける。

美味しい！

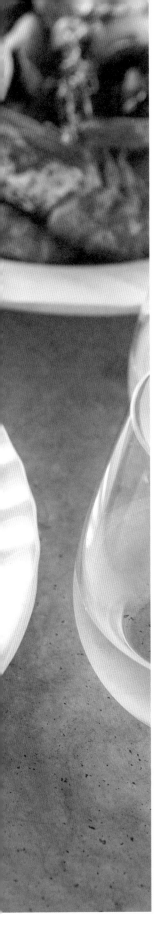

コトリヤード

魚介の旨味を存分に堪能！　仏ブルターニュ地方の郷土料理

材料 (作りやすい分量)

イカ…1杯	にんにく…1片
赤エビ…4尾	コンソメ (固形)…1個
アサリ…100g	白ワイン…50ml
サワラ (切り身)…2切れ	タイム…適量
真ダコ (ボイル)…150g	塩・こしょう…適量
玉ねぎ…1/2個	オリーブ油…大さじ1
じゃがいも (メイクイーン)…2個	

ここが
志麻ワザ！ →

魚介類は全部揃える必要はなし。だしが出るアサリ以外は、冷蔵庫にあるものや、シーフードミックス、サバ缶で OK です

作り方

① イカは内臓と足を取り除き、胴体を輪切りにする。エビは背ワタを取る。サワラは両面に塩・こしょうをする。アサリは砂だしをする。タコはひと口大に切る。

② じゃがいもは大きめのひと口大に、玉ねぎは薄切りにする。にんにくは縦半分に切り、包丁の背でつぶす。

③ フライパンにオリーブ油とにんにくを中火で熱し、玉ねぎを入れしんなりするまで炒めたら、アサリと白ワインを入れてフタをする。

魚介と一緒にじゃがいもを煮るので魚介の旨味を吸ってより美味しくなる →

④ アサリの口が開いたら、水500ml (分量外) とじゃがいも、コンソメを入れ、フタをして20分ほど煮る。

魚介類は硬くなるので煮すぎないように。タコはゆでてあるので最後に →

⑤ サワラ、イカ、エビ、タイムを加えたら3分ほど煮る。タコを加え3分ほど煮る。

材料（2人分）

玉ねぎ…1個
卵…1個
生クリーム…50ml
冷凍パイシート
　　（20×19cm）…1枚
塩・こしょう…適量
オリーブ油…大さじ2

パイシートの端を2回ずつ
中に折り込み、箱型にす
る。四すみは指でつまむ

解凍しすぎると生地
が柔らかくなって成
形しづらくなる。触っ
てまだ冷たいと感じ
るくらいが目安

アルミホイル

作り方

① 玉ねぎはくし切りにする。塩をしてオリーブ油を
回しかけ、200度に予熱したオーブンで20分焼
く。

② アパレイユ液を作る。ボウルに溶いた卵と生ク
リームを入れて混ぜ、塩・こしょうをする。

③ パイシートは使用する前に冷凍庫から出し、室
温に戻し解凍する。

④ パイシートに①を並べ、4辺を2回ずつ中に折り
込む。アルミホイルで周りを囲み補強する。全体
をホイルで丸ごと包んでもよい。

⑤ ②のアパレイユ液を少しずつ流し入れ、200度に
予熱したオーブンで30分焼く。

ロースト玉ねぎのタルト
スイーツのような玉ねぎの甘さにびっくり

メカジキのブロッコリーソース

煮崩れるほどクタクタにゆでたブロッコリーが新鮮

材料（2人分）

メカジキ（切り身）…2切れ　　塩・こしょう…適量
ブロッコリー…1株　　　　　　オリーブ油…大さじ2
にんにく…1片

作り方

① ブロッコリーは小房に分け、1%の塩を入れたたっぷりの湯でクタクタになるまで10分ほどゆでる。ざるに上げて水気を切り、ゆで汁は30ml分取っておく。

② ブロッコリーソースを作る。にんにくは縦半分に切り、包丁の背で軽くつぶす。フライパンにオリーブ油大さじ1とにんにくを中火で熱し、①でとっておいたブロッコリーのゆで汁30mlと①のブロッコリーを入れて炒め、塩・こしょうで味を調える。

③ カジキマグロは、両面に塩・こしょうをする。

④ フライパンにオリーブ油大さじ1を中火で熱し、メカジキの両面を焼く（片面3分ずつ）。

⑤ 器に②のブロッコリーソースを盛り、スライスした④をのせ、上からオリーブ油（分量外）をかける。

にんにくがあるだけで風味が出て
白身の魚とすごく合う（草刈さん）

ピーマンの米詰め

香ばしく焼いたそぼろご飯と
シャキシャキのピーマンが後を引く

材料（2人分）

ピーマン…2個
豚ひき肉…100g
大葉…1枚
オリーブ油…大さじ1
温かいご飯…茶碗1膳分

A ┤ 味噌…適量
　　 メイプルシロップ※…適量

※砂糖やはちみつで代用可

作り方

① ピーマンは縦半分に切り種を取り除く。Aは合わせておく。

② フライパンにオリーブ油を中火で熱し、豚肉を炒める。

③ ボウルにご飯、②、手でちぎった大葉を入れ混ぜる。

④ ①のピーマンに③を詰めて、Aを表面に塗る。

⑤ オーブントースターまたは魚焼きグリルで約5分、焼き色が付くまで焼く。

サバ缶ラーメン

熱々のにんにくコリアンダー油が
サバの臭みを消してエスニック風に

材料（1人分）

サバの水煮缶…1/2缶	味噌…大さじ1と1/2
中華麺…1玉	コリアンダー…小さじ1/2
キャベツ…2枚	オリーブ油…大さじ2
にんにく（みじん切り）…1片分	

作り方

① キャベツは太めの千切りにし、熱湯でさっとゆでる。

② 鍋に水350ml（分量外）を入れ中火で熱し、沸騰したらサバの水煮と汁大さじ2（分量外）を入れ、味噌を入れて溶かす。

③ フライパンにオリーブ油とにんにくを弱火で熱し、にんにくの香りがしたらコリアンダーを入れる。

④ 器にゆでた中華麺を盛り、②を注ぎ、キャベツをのせる。熱々に熱した③を上からかける。

> スープだけで飲むよりも、
> 麺と食べた方が
> スープの良さがわかる（草刈さん）

アサリとレモンのラーメン

アサリのだしがレモンの酸味と白ワインで爽やかに

材料（1人分）

アサリ…300g	白ワイン…50ml
中華麺…1玉	しょうゆ…小さじ1
レモン汁…1/2個	塩・こしょう…適量
にんにく…1/2片	オリーブ油…大さじ1

作り方

① アサリは砂出しをする。にんにくは縦半分に切り、包丁の背で軽くつぶす。

② 鍋にオリーブ油とにんにくを入れ中火で熱し、アサリと白ワインを入れてフタをする。

③ アサリの口が開いたら、水350ml（分量外）を入れ、しょうゆを入れる。塩・こしょうをし、レモン汁を入れる。

④ 器にゆでた中華麺を盛り、③を入れる。レモンの輪切り2枚（分量外）をのせる。

神奈月さん
リクエスト

「大好きなトマトと卵料理を
いろいろ食べてみたい」

「卵料理も大好き」と言う神奈月さんと、
セロリとマッシュルームが苦手な
芸人仲間さんからもオーダーが。
苦手なはずの料理もペロリ、皆さん大満足でした。

真鯛のデュグレレ風

同じフライパンで蒸し煮からソースまで。
美味しくて止まらない!

材料（2人分）

真鯛（切り身）…2切れ　　白ワイン…100ml
マッシュルーム…8個　　レモン汁…1/4個分
トマト…1個　　パセリ（みじん切り）…大さじ2
バター…50g　　塩・こしょう…適量

作り方

真鯛以外ではヒラメや → ❶ 真鯛は両面にしっかりめに塩・こしょうをす
カジキ、スズキなど淡　　　る。マッシュルームは薄切りにする。トマトは
白でクセのない魚がお　　　1cm角に切る。
すすめ

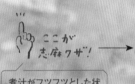

ここが
志麻ワザ! → ❸ フライパンに残った煮汁を半量まで煮詰め、
　　　　　　　　泡立て器で混ぜながらバターを入れる。

煮汁がフツフツとした状
態にバターを入れしっか
りと乳化させるのがコ
ツ。バターはサイコロ状
に切っておくとよい

❷ フライパンにマッシュルームを並べる。真鯛
をのせたら中火で熱し、白ワインを入れる。
フタをして蒸し煮にし、5分ほどしたら真鯛
を取り出す。

❹ パセリとトマトを加え、ひと煮立ちしたらレモ
ン汁を加える。

❺ 器に真鯛を盛り、④のソースをかける。

こんなの食べたことない！
うまい！

トマトファルシ

ハンバーグ生地をくり抜いたトマトに詰めて焼くだけ。見た目もかわいいパーティメニュー

材料 (作りやすい分量)

トマト…4個
合びき肉…350g
玉ねぎ…1/2個
卵…1個
パン粉…20g
無洗米…1合 (150g)

コンソメ水

A { コンソメ (固形) …1/2個
水…250ml

タイム…適量
ローズマリー…適量
オリーブ油…適量

作り方

1 トマトは、ヘタつきのままフタにする部分を切り落とす。中身はスプーンでくり抜く。塩少々 (分量外) をして裏返し、水気をしっかり切る。くり抜いた器の部分に塩をして裏返すことで、余分な水分を出し、同時にトマトに味を付ける働きが。

身の内側に沿ってナイフを入れるとくり抜きやすい。中身は煮詰めてソースにしたり、トマト油に使って

2 玉ねぎはみじん切りにし、ラップで包み電子レンジに1分半かける。粗熱が取れるまで冷ましておく。

3 ボウルに、ひき肉、②、溶いた卵、パン粉、塩・こしょうを入れよく混ぜ、4等分にする。

4 ①のトマトに③を詰めて、フタにするトマトのへたをのせる。

5 耐熱容器に、米とコンソメ水を入れて混ぜ、上に④をのせる。

ここが
志麻ワザ！

ピラフを一緒に焼くことでトマトや肉の旨味を吸って、さらに美味しくなります

6 オリーブ油を回しかけ、タイムとローズマリーをのせ、230度に予熱したオーブンで40分ほど焼く。途中で様子を見て焦げそうな場合は、温度を200度に下げる。

7 肉とトマトを崩して、ピラフと混ぜていただく。

お肉の味がすごい！

さっぱりとしていて
セロリの味しないですね。
全然セロリっぽくない！

セロリとホタテのサラダ

セロリ嫌いでも大丈夫。さっとゆでることでセロリの臭みが半減！

材料（作りやすい分量）

ホタテ貝柱（刺身用）…200g
セロリ…2本
ドレッシング

A
- レモン汁…大さじ1/2
- 酢…大さじ1/2
- ディジョンマスタード…小さじ1
- 塩…ひとつまみ
- こしょう…適量
- オリーブ油…大さじ3

ざく切りに

ピーラー

セロリの筋は硬くて口に残っ
てしまうので、取り除くことで
より食べやすくなります

ここが
志麻ワザ！

さっと湯通しすることで
セロリの臭みも消え、
食感は生のまま楽しめる

作り方

① ホタテは横半分に切る。

② セロリはピーラーで筋を取り、茎と葉に分ける。茎は輪切りにし、葉はやわらかいものだけ取ってざく切りにする。

③ 鍋に湯を沸かし、①のホタテと②のセロリを10秒ほどゆでる。ざるに上げて水気を切る。

④ Aの材料を混ぜ合わせドレッシングを作り、③をあえる。

ラビオリ

餃子の皮で作るから簡単。イタリアンカラーでおもてなしにも

材料（2人分）

ほうれん草…1/2把
ブラウンマッシュルーム…8個
とろけるチーズ…40g
餃子の皮…16枚
塩・こしょう…適量
オリーブ油…大さじ1

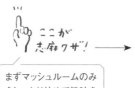

ここが
志麻ワザ!

まずマッシュルームのみ
をしっかり炒めて旨味を
引き出す

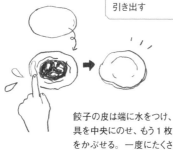

餃子の皮は端に水をつけ、
具を中央にのせ、もう1枚
をかぶせる。一度にたくさ
んゆですぎると、くずれや
すいので注意

作り方

1. ほうれん草の茎はみじん切りに、葉はざく切りにする。マッシュルームはみじん切りにする。

2. フライパンにオリーブ油を中火で熱し、①のマッシュルームを入れ塩ひとつまみとこしょうをして炒め、水分が抜けたらほうれん草を加えてしんなりするまで炒める。粗熱が取れたら、チーズを混ぜる。

3. 餃子の皮の中央に②をのせ、もう1枚の皮をかぶせる。

4. 沸騰した湯に③を入れ、浮き上がってきたら4分ほどゆでる。

5. 器に④を盛り、トマト油（作り方P71）をかける。

ラビオリのソースにするだけじゃ
もったいない万能ソース

トマト油

トマトの旨味がギュッと凝縮した万能ソース

材料 (作りやすい分量)

トマト…4個
にんにく (みじん切り)…1片分
塩…ふたつまみ
オリーブ油…50ml

ここが
志麻ワザ!

作り置きしておけばソースや味の
ベースとして使える万能調味料。冷
蔵庫で1週間ほど保存可能

作り方

① トマトは、1cm角に切る。

② 鍋にオリーブ油とにんにくを入れ弱火で熱
し、にんにくの香りがしてきたらトマトと塩を
入れ、水分がなくなるまで15分ほど煮る。

トマト油の肉味噌

味噌が隠し味。麺や野菜にかけたり、
お好みで辛さをプラスしても

材料 (2人分)

トマト油…大さじ3
豚ひき肉…100g
味噌…小さじ1
砂糖…小さじ1/2
万能ねぎ (小口切り)…適量

作り方

① フライパンにトマト油大さじ3を中火で熱し、
豚ひき肉を入れて炒める。肉の色が変わっ
たら、味噌と砂糖を入れ混ぜ合わせる。

② 器に温かいご飯 (分量外) を盛り、①をの
せ、万能ねぎを散らしていただく。

チャーシューとろろ丼

塊肉を水からじっくりゆでることで驚くほど柔らかに

材料（作りやすい分量）

豚肩ロース肉（塊）…600g	タレ
長芋（すりおろす）…4cm	A ┌ 酒…大さじ1
にんにく…1片	├ 砂糖…大さじ2
万能ねぎ（小口切り）…適量	└ しょうゆ…大さじ3
	塩・こしょう…適量
	サラダ油…大さじ1
	温かいご飯…1膳分

作り方

❶ 豚肉は、表面にフォークで穴をあけ、全体に塩（肉の重さの0.8%）をまぶし、こしょうをする。

❷ 鍋に水2リットル、①の豚肉、皮つきにんにく、セロリの葉や長ねぎの青い部分（分量外）を入れる。強火で熱し、沸騰したらアクを取り、弱火にし肉が柔らかくなるまで1時間半ほど煮て、肉を3cm角に切る。

❸ フライパンにサラダ油を熱し、②の豚肉の両面に焼き色を付ける。Aのタレを入れてからめる。

❹ 器にご飯を盛り、すりおろした長芋をかけ1人分の③をのせる。③に残ったタレをかけ、万能ねぎを散らす。

マッシュルームのスフレオムレツ

見た目が豪華！　口の中でフワフワの卵がとろける

材料（2人分）

ブラウンマッシュルーム	にんにく（みじん切り）…1片分
（1/4に切る）…8個	パセリ（みじん切り）…大さじ1
卵…4個	塩・こしょう… 適量
バター…15g	オリーブ油…大さじ1

作り方

❶ フライパンにバターとオリーブ油を中火で熱し、マッシュルームを入れる。きれいな焼き色が付くまで動かさないようにし、両面を焼く。

❷ 塩・こしょうをし、にんにくとパセリを入れてサッとからめる。

❸ 卵は卵白と卵黄に分ける。卵白はツノが立つまで、卵黄はもったりするまで泡立て、泡をつぶさないようにゴムベラでさっくりと混ぜ合わせる。

❹ フライパンにバターを弱火で熱し、溶けたらフライパン全体になじませる。③を流し入れ、フタをして5分ほど焼く。底に薄く焼き色が付いたら火を止める。

❺ 器に盛り、②の具材を下半分にのせ、折りたたむ。

辺見えみりさん
リクエスト

「
大好きなねぎ料理と
お酒に合う料理を教えて
」

仲よしのいとうあさこさん、大久保佳代子さんと辺見さんで女子会！
美味しいねぎ料理に、
キャベツとチーズ料理のリクエストも加わって、
ぱぱっと出せるおつまみやお酒がすすむメニューがずらり。

クリームソースが入っているともったりするけど、
チーズだともったりこない！

スパイシーロールキャベツご飯

ご飯もいっしょのボリュームおかず。包んでオーブンで焼くだけ

材料（2人分）

合びき肉…200g	トマトケチャップ…大さじ1
キャベツ…4～8枚	とろけるチーズ…60g
玉ねぎ…1/4個	ご飯…300g
トマト…1個	塩・こしょう…適量
にんにく（みじん切り）…1片分	サラダ油…大さじ1
カレー粉…小さじ1	

作り方

キャベツは硬いうちに
触ると破れてしまうの
で、熱湯に入れたら触
らないこと

1 玉ねぎはみじん切りに、トマトは1cm角に切る。
キャベツはたっぷりの湯で1分半ほどゆで、芯を
取り除く。

2 スパイシーミートソースを作る。フライパンにサラ
ダ油とにんにくを弱火で熱し、玉ねぎと塩ひとつ
まみを入れ炒める。

3 玉ねぎがしんなりしたら、ひき肉を入れて炒める。
ひき肉が白っぽくなったらカレー粉を入れて炒め
る。

4 トマトを入れて5分ほど煮たら、ケチャップを入
れ水分が飛ぶまで煮詰める。

5 キャベツは大きさに応じて1～3枚を広げてご飯
と4をのせて包む。残りも同様に包む。

ここが
志麻ワザ！

6 耐熱容器に5を包み終わりの部分を下にして入
れ、とろけるチーズをたっぷりのせる。

少し小さめの耐熱容器
に隙間なくぎゅうぎゅ
うに詰めると形が崩れ
ません

7 250度に予熱したオーブンで、約15分焼き色が
付くまで焼く。

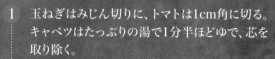
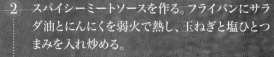

めちゃくちゃ美味しい。
これはモテるポテサラ

キャベツと鶏肉のブレゼ

少ない水分で蒸し煮に。野菜の甘さも倍増 & 鶏肉もジューシーに

材料（2人分）

鶏もも肉…1枚 (300g)
ベーコン…2枚
キャベツ…1/2個
にんじん…1本
長ねぎ…1/2本
白ワイン…100ml
塩・こしょう…適量
オリーブ油…大さじ1
コンソメ (固形)…1個

肉は動かさずに焼くこと。蒸す前に焼くことで旨味を閉じ込めて香ばしさを味にプラスしてくれる

ここが
志麻ワザ!

少ない水分で蒸すことで、野菜から出る旨味と水分が肉に染み込んでより美味しくなります。密閉性の高い鍋がない場合は水を100ml足してください

作り方

① 鶏もも肉はキッチンペーパーで水分を拭き取り、大きめのひと口大に切る。しっかりめに塩・こしょうをし下味を付ける。ベーコンは4等分に切る。

② キャベツは6等分に、長ねぎは斜め薄切りに、にんじんは2cm幅に切る。

③ 鍋にオリーブ油を中火で熱し、①の鶏肉を皮目から入れて、両面を焼き目が付くまで焼く。

④ にんじん、長ねぎを入れ、キャベツを上にのせる。コンソメと白ワインを入れ、フタをして弱火で1時間ほど煮込む。

⑤ ベーコンを加え5分ほど煮る。塩・こしょうで味を調える。

ロシア風ポテトサラダ

身近な材料でアレンジしたロシア発祥のポテトサラダを

材料（2人分）

じゃがいも（メイクイーン）…2個
ツナ缶（オイル漬け）…1缶
大葉…2枚
万能ねぎ（小口切り）…5本分
梅干し（はちみつ入り）…2個
マヨネーズ…大さじ2

ここが
志麻ワザ!

本場ではコルニッション（ピクルス）を入れますが、梅干しの酸味で代用しました。梅干しの大きさや塩分、酸味によって入れる量を調節してください

ツナ缶のオイルには魚の栄養分が含まれているので捨てないで。風味もアップします

作り方

① じゃがいもは皮つきのままラップに包み、電子レンジに8分かける（4分したら上下を返す）。皮をむき、ボウルに入れフォークなどでつぶす。

② 梅はタネを取り除き、果肉をつぶす。大葉はざく切りにする。

③ ツナをオイルごと①に入れ、マヨネーズを入れて混ぜ合わせる。

④ ②の梅と大葉、万能ねぎを加えて混ぜ合わせる。

牛肉タルタル風ステーキ

さっと焼いた牛肉を細かく刻んで薬味と混ぜるだけ。ビストロの人気メニューをアレンジ

材料 (作りやすい分量)

牛ひれ肉 (ステーキ用)…350g
玉ねぎ (みじん切り)…1/4個
卵黄…1個分
レモン汁…1/2個
ケッパー (みじん切り)…大さじ2
ディジョンマスタード…小さじ1
パセリ (みじん切り)…大さじ1
塩・こしょう…適量
オリーブ油…大さじ1

玉ねぎの辛味が強い場 ——→
合、5分ほど水にさらし
て。匂いもマイルドに

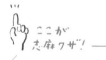 ここが
志麻ワザ! ——→

本場では生でいただくの
で、今回は牛肉はさっと
火を通して表面のみ焼
き色を。中はレアがおす
すめです

作り方

① 牛肉は常温に戻し、両面にしっかりめに塩・こしょうをする。玉ねぎは、水でさっと洗い、水気を切る。

② フライパンにオリーブ油を強火で熱し、牛肉の両面を焼く(片面2分ずつ)。アルミホイルで包んで、5分ほど寝かせたら、1cm角に切る。

③ ②をボウルに入れ、レモン汁、ケッパー、ディジョンマスタード、玉ねぎ、パセリを加えて混ぜ合わせる。

④ 器に盛り、中央に卵黄をのせる。混ぜてバゲット (分量外)にのせていただく。

パセリが
めちゃくちゃいい香り！

ジャンボンペルシエ

特別な材料は必要なし。1人分ずつグラスで作ってもおしゃれ

材料（直径 12cm のボウル 1 個分）

ロースハム（厚切り）…4枚　　　粉ゼラチン…5g
ロースハム…8枚　　　　　　　塩・こしょう…適量
パセリ（みじん切り）…1/2袋　　サラダ油…大さじ1
おろしにんにく…1片分
酢…小さじ1
コンソメ（固形）…1個
ディジョンマスタード…適量

ゼラチンは沸騰させると
固まりにくいので火を止
めてからよく溶かす

ここが
志麻ワザ！

ゼリー液を直接入れると
パセリが下に沈んでしま
うので、とろみがつくくら
いまで冷やしてからパセ
リを混ぜるとよい

作り方

① 型にするボウルに酢とマスタードを入れる。サラダ油を少しずつ入れながら、乳化するまで混ぜ合わせる。

② ①におろしにんにくを入れて混ぜ、ハムを2枚ずつ半分に折って入れる。厚切りのハムは手でちぎって入れる。

③ 小鍋に水250ml（分量外）とコンソメを入れ中火で熱し、ひと煮立ちしたら、粉ゼラチンを入れて溶かす。

④ 別のボウルに③を移し、周りを氷で冷やす。少しとろみがついてきたらパセリを入れて混ぜる。

⑤ ④を②の型に加え、冷蔵庫で2時間ほど冷やし固める。

⑥ ボウルから取り出し、食べやすい大きさにカットする。

半分に折ったハムはキッチリ重ねず、
ボウル全体にざっくり置いて重ねて
いくのがキレイな断面のコツ

アボカドと
大根おろしのサラダ

毎日食べたい！
濃厚なアボカドが大根おろし＆レモンで爽やかに

材料（2人分）

アボカド…1個　　　　レモン汁…1/2個分
大根おろし…1/4本分　　しょうゆ…適量

作り方

1. アボカドは半分に切り、種と皮を取り、横1cm幅に切る。

アボカドは変色しやす → 2. 器に①のアボカドを盛り、大根おろしを上に
いので、切ったらすぐ 　　 のせ、レモン汁としょうゆをかける。
に盛りつける

ここが
志麻ワザ！

大根おろしの汁はさっと
切ってからかけます。汁
を残すことでねっとりとし
たアボカドとのバランス
がよくなります

新鮮で美味しい！

オーブンで焼いているから、
酸味に角がなくて魚臭くもない！

サバのビネガー焼き

マリネして焼くから身も柔らか。にんにくとハーブの香りが食欲をそそります

材料（2人分）

サバ（切り身）…2切れ
玉ねぎ（薄切り）…1/4個
にんにく（薄切り）…1片分
酢…大さじ2
タイム…2枝
ローズマリー…2枝
塩・こしょう…適量
オリーブ油…適量

にんにくをのせてマ
リネすることで匂い
をしっかり染み込ま
せる

ここが
志麻ワザ！

しっかり焼くことでサバ
の臭みが消え、酸味も
マイルドになるので食べ
やすくなる

作り方

1 サバは両面にしっかりめに塩をする。にんに
くをサバの上に並べ、ラップをして冷蔵庫に
入れ30分ほどマリネする。

2 1のサバはそれぞれ2等分に切ってこしょ
うをふり、耐熱容器に皮目を上にして並べ
る。

3 玉ねぎ、タイム、ローズマリーをのせ、酢とオ
リーブ油を回しかける。

4 180度に予熱したオーブンで、約15分ほど
焼く。

パクチーを後のせする
バランスが完璧！

イカパクチー炒め

にんにくの香りとカリカリの食感がたまらない

材料（2人分）

ヤリイカ…2杯
パクチー…20g
にんにく（みじん切り）
　　…4片分

A ┤ 酒…大さじ1
　　オイスターソース…大さじ1
　　しょうゆ…大さじ1/2
サラダ油…大さじ2

作り方

① イカは内臓を取り除き、胴は1cmの輪切りに、ゲソは
　 ひと口大に切る。

② パクチーは葉と茎に分け、茎はみじん切りにする。

③ フライパンにサラダ油とにんにくを弱火にかけ、こんが
　 りと色づくまで熱する。キッチンペーパーを敷いたざ
　 るをボウルの上に置き、フライパンの油を流し入れ、フ
　 ライドガーリックとにんにく油に分ける。

④ ③のにんにく油をフライパンに戻し、パクチーの茎と
　 ①のイカを入れて炒める。

⑤ Aの調味料を加えさっと炒める。

⑥ 器に盛り、パクチーの葉と③のフライドガーリックをの
　 せる。

食後にワインが飲みたくなる！

モッツァレッラチーズのムース

ミルキーでほんのり甘いムースと生ハムが相性抜群。
ワインのお供にどうぞ

材料（作りやすい分量）

モッツァレッラチーズ…1個
牛乳…100ml
生クリーム（乳脂肪分40%以上）
　　…100ml

生ハム…2枚
こしょう…適量
オリーブ油…適量

作り方

① モッツァレッラチーズは1cm角に切る。生ハムは3等
　 分に切る。

② 鍋に牛乳と生クリームを入れ弱火で熱し、温まったら
　 モッツァレッラチーズの半量を、散らして入れる。

③ 混ぜすぎるとチーズが伸びてくっついてしまうのであ
　 まり動かさず、泡立て器で時々混ぜながらゆっくり溶
　 かしていく。溶けたら残りのモッツァレッラチーズを加
　 え同様に溶かす。

⑤ 粗熱が取れたらバットに移し、冷蔵庫で冷やし固める。

⑥ スプーンですくって生ハムをのせる。こしょうをふり、
　 オリーブ油を上にたらす。

出川哲朗さん
リクエスト

「 志麻さんが作った
できたて料理を
フルコースで食べまくりたい 」

「志麻さんが考えたフルコースをお腹いっぱい食べたかった！」
という出川さんは、熱々の絶品料理に大感激。
また市販の焼きそばを美味しくする
マル秘テクニックも披露していただきました。

ケーキを食べてるような感じ。
ソースに酸味があって絶品！

サーモンとホタテのムース
パイ包み焼き

サクサクのパイ＆特製ソースの本格フレンチ。
持ち寄りパーティなどでも重宝します

材料 (作りやすい分量)

真鯛 (切り身) …1切れ
ホタテ貝柱 (刺身用) …5個
サーモン (さく) …1さく (200g)
卵白…1個分
卵黄…1個分
生クリーム (乳脂肪分35%)
　…30〜50ml (固さを見ながら調節)
万能ねぎ (小口切り) …2本
塩・こしょう…適量

冷凍パイシート (20×19cm) …1枚
ブールブランソース
　玉ねぎ (みじん切り) …1/4個
　白ワインビネガー…50ml
　白ワイン…50ml
A　生クリーム…大さじ3
　バター…70g
　レモン汁…1/4個分
　塩・こしょう…適量

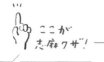
ここが志麻ワザ！

パイシートの中のバターが溶けてしまうとパイがうまく膨らまないので、生地がだれてしまったら冷蔵庫に入れて休ませて

ダラっと流れるくらいだとやわらかすぎ

②空気穴を
③
①

バターは小さなサイコロ状に切って冷蔵庫で冷やしておく

かぶせる部分になるパイシートはめん棒で伸ばすか、手で少し伸ばしながら包む

作り方

① 真鯛 (皮は外す) とホタテは、塩・こしょうをする。パイシートは使用する前に室温に戻し、解凍する。卵黄に水少々を混ぜて塗り卵を作る。

② フードプロセッサーに、①の真鯛とホタテと卵白を入れ、ペースト状にする。生クリームを加えぼってりするくらいの固さになったら、万能ねぎを混ぜる。

③ サーモンは塩・こしょうをし、縦半分に切れ目を入れて観音開きにし、②をはさむ。

④ ③をパイシートの下半分にのせ、端に①の卵を塗る。

⑤ 上半分を折ってかぶせ (下写真参照)、縁に①の卵を塗る。イラストのようにフォークで押し、しっかり閉じる。

⑥ ⑤のパイシートの表面に①の卵を塗る。イラストのように中心にナイフで空気穴をあけ、ペティナイフなどで、模様になるように筋を付ける。

⑦ 230度に予熱したオーブンで30分ほど焼く。

⑧ ブールブランソースを作る。フライパンに玉ねぎ、白ワインを入れて中火で熱し、塩・こしょうをして1/3量まで煮詰める。

⑨ 生クリームを入れ温まったら弱火にし、バターを入れ、泡立て器でゆっくり混ぜながら乳化させる。仕上げにレモン汁を加えてざるでこす。

⑩ 器にブールブランソースを広げ、カットした⑦を上にのせる。

ソース焼きそば

野菜をシャキシャキに仕上げるのがコツ。粉末ソースは2回に分けて

材料（2人分）

中華麺（焼きそば用）…1玉
豚バラ肉…150g
もやし…1袋
キャベツ…1/8個
にんじん…1/3本
にんにく（みじん切り）…1片分
しょうが（みじん切り）…1片分
塩・こしょう…適量
サラダ油…大さじ1

野菜から水分が出るのを防ぐため塩はしない。強火で手早く炒め歯応えを残して

麺をレンジで温めることで、炒めた時に麺がほぐれやすくなる

ここが志麻ワザ！

野菜・肉・麺は、それぞれ美味しさを引き出す方法で別々に炒めます。後で合わせることで味に一体感が

作り方

① キャベツは、ひと口大に切る。にんじんは短冊切りにする。

② フライパンにサラダ油を強火で熱し、もやしと①を入れてさっと炒め、ざるに上げる。

③ 豚肉はひと口大に切り、軽く塩・こしょうをする。

④ 空いたフライパンを中火で熱し、③の豚肉を炒める。にんにく、しょうが、付属の粉末ソースの1/3量を入れて炒め、②のざるに上げる。

⑤ 中華麺は電子レンジに1分かける。④のフライパンを中火で熱し、麺と残りの粉末ソースを加えて麺をほぐしながら炒める。

⑥ ②の野菜と④の肉を戻し、さっと麺と炒め合わせる。

麺を焼いていて焦げ目があるから、
その食感が美味しい！

パエリア風海鮮焼きそば

魚介を贅沢に使った洋風焼きそば。カリカリに焼いた麺が魅力

材料（2人分）

中華麺（焼きそば用）…2玉
アサリ…200g
赤エビ…4尾
ベビーホタテ…100g
カットトマト缶…1缶（400g）
白ワイン…50ml
にんにく（みじん切り）…1片分
パセリ（みじん切り）…適量
レモン（くし切り）…1/2個分
塩・こしょう…適宜
オリーブ油…大さじ2

魚介類が全部揃わない
時は、だしの出るアサリ
以外は冷凍のシーフード
ミックスで代用してもOK

ここが
志麻ワザ！

スペインではおなじみの
パスタパエリアをアレン
ジ。麺をカリカリに香ば
しく焼いておこげを作る
のがコツ

作り方

1. アサリは砂出しをする。赤エビは背ワタを取る。

2. フライパンにオリーブ油大さじ1とにんにくを弱火で熱し、香りがしてきたら中火にし、アサリ、赤エビ、ベビーホタテを入れサッと炒める。

3. 白ワインを入れて、フタをする。アサリの口が開いたら、カットトマトを入れ、水分がなくなるまで煮詰め、塩・こしょうで味を調える。

4. 別のフライパンにオリーブ油大さじ1を中火で熱し、4等分に切った麺を入れ両面をカリカリになるまで焼く。

5. ③を入れ、パセリを散らし、レモンを添える。

メインのおかずにも十分！
マスタードも効いていてうまい！

口に運ぶと、一番最初に
バターの香りと味が
口に広がって、うまいのよ！

レバーサラダ

ポーチドエッグを崩して、とろとろの黄身とからめて召し上がれ

材料 (作りやすい分量)

鶏レバー…250g
ベーコン…3枚
玉ねぎ…1/6個
サニーレタス…1個
赤ワインビネガー…大さじ1
サラダ油…大さじ1

ポーチドエッグ
A {
卵…4個
酢…大さじ3
塩…小さじ1
水…1リットル
}

ドレッシング
B {
ディジョンマスタード…小さじ1
白ワインビネガー…大さじ1
塩・こしょう…適量
サラダ油…大さじ1
オリーブ油…大さじ2
}

盛りつけた時に、立体的になるようにひらひらしている葉を三角形にちぎる

三角形にちぎると good!

ここが 志麻ワザ！

ベーコンを加えることで燻製の香りがレバーの生臭さを抑えてくれる

作り方

❶ サニーレタスは外側から三角形にちぎる。ベーコンは1cm幅に切る。玉ねぎはみじん切りにする。

❷ Aのポーチドエッグを作る (作り方P47)。

❸ ドレッシングを作る。ボウルにBの油以外を入れてよく混ぜ、サラダ油とオリーブ油を少しずつ入れて乳化するまで混ぜる。

❹ レバーはキッチンペーパーで水気を拭き取る。ひと口大に切り、しっかりめに塩・こしょうをする。

❺ フライパンにサラダ油大さじ1 (分量外) を中火で熱し、レバーを入れ両面を焼く(片面1分半ずつ)。

❻ ⑤にベーコンを入れこんがりと焼く。玉ねぎを入れて炒めたら、赤ワインビネガーを加える。

❼ 器に、サニーレタスを盛り、⑥とポーチドエッグをのせ、③のドレッシングをかける。

ポークソテーの りんご添え

豚肉と焼きりんごとミントの組み合わせ
本場ビストロさながらの味わいに

材料 (2人分)

豚ロース肉 (2cm厚さ)
　…2枚 (400g)
りんご…1個
バター…50g
砂糖…10g
白ワイン…50ml
スペアミント…8枚
塩…小さじ1/3
こしょう…適量
サラダ油…大さじ1

ここが 志麻ワザ！

焼きりんごをキャラメリゼすることで、香ばしさをプラス。りんごの甘さも最大限に引き出す

バターを入れたらしっかり混ぜ、ソースが白く濁ってとろみが付くまで乳化させる

作り方

❶ 焼きりんごを作る。りんごは横半分に切る。薄切りにしたバター20gをりんごの切り口にのせ、200度に予熱したオーブンで30分焼く。

❷ フライパンにバター10gと砂糖を入れ中火で熱し、りんごの切り口を下にしてのせる。動かさずに、周りが茶色になるまで焼きキャラメリゼする。

❸ ポークソテーを作る。豚肉はキッチンペーパーで水気を拭き取りしっかりめに塩・こしょうをする。

❹ フライパンにサラダ油を中火で熱し、③の豚肉を入れる。焼き始めはフライ返しなどで豚肉を押さえながら、両面をこんがり焼く(片面7分ずつ)。

❺ 肉を取り出し、アルミホイルで包み10分ほど寝かせる。

❻ ④のフライパンに白ワインとちぎったミントを入れ、強火で1/3量になるまで煮詰める。塩・こしょうで味を調える。

❼ ⑤のアルミホイルに残った肉汁と水100ml (分量外) を⑥に入れひと煮立ちしたら、バター20gを加え乳化させる。

❽ 器に⑤の豚肉とりんごを盛り、⑦のソースをかけ、スペアミント (分量外) を飾る。

イカの肉詰め トマトソース

魚介と肉の意外な組み合わせ。ワインとの相性も抜群です

材料 (2人分)

イカ…2杯
豚ひき肉…150g
玉ねぎ (みじん切り) …1/2 個分
卵…1/2個
にんにく…1片
白ワイン…50ml
カットトマト缶…1缶 (400g)
パセリ (みじん切り) …適量
ローリエ…1枚
塩・こしょう…適量
オリーブ油…大さじ1

作り方

①　イカは内臓を取り除き、ゲソは細かく切る。

②　玉ねぎのみじん切り1/4個分はラップで包み、電子レンジに1分半かけ、粗熱を取っておく。

③　ボウルに①のゲソと豚ひき肉、②の玉ねぎ、溶き卵、パセリを入れよく混ぜ、塩・こしょうをする。

④　トマトソースを作る。フライパンにオリーブ油とにんにくを中火で熱し、残りの玉ねぎを入れて炒める。

⑤　玉ねぎがしんなりしたら白ワインを入れ強火にし、カットトマト、ローリエ、水100ml (分量外) を入れて10分ほど中火で煮込む。塩・こしょうで味を調える。

⑥　イカの胴体に③を詰め、口を爪楊枝で閉じる。

⑦　耐熱容器に⑥を並べ⑤のトマトソースをかける。上にパセリを散らし、オリーブ油を回しかけ (分量外)、200度に予熱したオーブンで30分ほど焼く。

柔らかくてうまい！

鶏肉のにんにくクリーム煮 & にんにくご飯

にんにくでスタミナも満点。鶏肉のダブル使いで奥深い味わいに

材料（2人分）

鶏もも肉…1枚（300g）
鶏手羽元…2本
にんにく…1.5玉
白ワイン…50ml
固形コンソメ…1/2個
生クリーム…50ml
ローリエ…1枚
タイム…適量
塩・こしょう… 適量
サラダ油…大さじ1

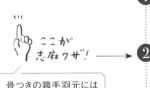

ここが
志麻ワザ！

骨つきの鶏手羽元には
コラーゲンや旨味が含ま
れているので1人1本
加えるだけで美味しさが
格段にアップします

にんにくご飯

米…2合
にんにく…5片
バター…10g

作り方

① にんにくご飯を作る。炊飯器に研いだ米、皮をむいた
にんにく、バターを入れて普通の水加減で炊く。炊き
上がったらにんにくをつぶして、全体に混ぜる。

② 鶏もも肉は キッチンペーパーで水気を拭き取り、大き
めのひと口大に切る。鶏手羽元と一緒に、両面にしっ
かりめに塩・こしょうをする。

③ フライパンにサラダ油を強火で熱し、②の鶏肉を皮目
から入れ両面を焼く（片面2分ずつ）。

④ 余分な脂をキッチンペーパーなどで拭き取り、白ワイ
ンと水300ml（分量外）を入れる。沸騰したらアクを
取り、コンソメ、にんにく、ローリエ、タイムを入れフタ
をして弱火で30分ほど煮込む。

⑤ ④のにんにくを取り出し、ざるでこしてフライパンに戻
し入れる。

⑥ ⑤に生クリームを加える。ふつふつしてきたら火を止
め、塩・こしょうで味を調える。

⑦ 器に①のご飯を盛り、⑥の鶏肉とソースをかける。

あなたは本当に
俺のグルメ心をくすぐってくる！

丸ごとなすの牛カレー餡

とろとろのなすが魅力。ボリュームも食べ応えも十分

材料（2人分）

賀茂なす（または丸なす）※
　…2個
牛もも薄切り肉…200g
玉ねぎ…1/2個
カレールウ…40g
ローリエ…1枚
パセリ（みじん切り）…適量
サラダ油…大さじ1/2

※手に入らない場合は普通の
なすでも可

皮が乾燥して破れない
ようにオリーブ油を全
体に回しかける

CUT

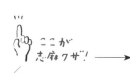

ここが
志麻ワザ！

余りがちなカレールウと
すぐ火が通る牛肉なら
短時間で2人分のカ
レーが簡単に作られる

作り方

①　賀茂なすはオリーブ油（分量外）をかけ、
　　200度に予熱したオーブンで20分ほど焼き、
　　中央に切れ目を入れて開く。

②　牛肉はひと口大に切り、塩・こしょうをする。
　　玉ねぎもひと口大に切る。

③　フライパンにサラダ油を熱し、玉ねぎと塩ひ
　　とつまみを入れて中火で炒める。

④　玉ねぎがしんなりしたら、牛肉を入れて炒
　　め、軽く塩・こしょうをする。牛肉の色が変
　　わったら、水200ml（分量外）を入れる。

⑤　ひと煮立ちしたら、カレールウとローリエを
　　入れて5分ほど弱火で煮込む。

⑥　器に①の賀茂なすを盛り、⑤のカレーをか
　　けパセリを散らす。

牛ステーキ ピーマンのピクルスソース

甘酸っぱいピーマンソースでさっぱりといただく

材料（2人分）

牛肉（ステーキ用）…2枚（400g）
トマト（角切り）…1個分
塩・こしょう…適量
サラダ油…大さじ1
ピーマン（粗みじん切り）…4個分
玉ねぎ（みじん切り）…1/2個
レモン（輪切り）…3枚

A
塩…小さじ1/4
白ワインビネガー…50ml
砂糖…大さじ1+1/2
白ワイン…50ml
にんにく（薄切り）…1片分

赤唐辛子…1本
ローリエ…1枚

作り方

① 牛肉は常温に戻す。キッチンペーパーで水分を拭き取り、しっかりめに塩・こしょうをする。

② フライパンにサラダ油を中火で熱し、牛肉を入れて両面を焼く（片面2分ずつ）。アルミホイルに包み、5分ほど寝かせてから、1cm幅に切る。

③ ピーマンのピクルスを作る。鍋にAを入れ中火で熱し、沸騰したらピーマン、玉ねぎ、赤唐辛子、ローリエを入れる。ひと煮立ちしたら、レモンを加えて火を止める。

④ 器に、②の肉とトマトを盛り、③をかける。

ピーマン、玉ねぎの
シャキシャキして
酸っぱいソースが抜群！

なすの豚バラ巻き

なすは先にレンジで加熱することで使う油を大幅カット

材料（2人分）

豚バラ肉…9枚（200g）
なす…3本
大葉…3枚
味噌…大さじ2

砂糖…大さじ1（お好みで）
小麦粉…適量
溶き卵…1個分
パン粉…適量
サラダ油…適量

作り方

① なすはヘタを取り、ピーラーで皮をむく。1本ずつラップで包み、電子レンジに2分かけて縦半分に切る。

② ボウルに、味噌と砂糖、手でちぎった大葉を加えて混ぜ合わせ、①の間にはさむ。

③ 豚肉3枚で②を巻き、塩・こしょうをする。小麦粉、溶いた卵、パン粉の順に衣を付ける。

④ フライパンにサラダ油を中火で熱し、③を転がしながら揚げ焼きにする（約10分）。

豚肉は1枚をなすの切り目をふさぐように縦に巻きつけ、残りの2枚は横にくるくる巻く

特別な材料は必要なし！ 気軽に作れるのに、味も見た目も極上。

・毎日でも食べたい志麻さんスイーツ・

志麻さんはスイーツのオーダーもお手のもの！
少ない材料で誰でも簡単に作れる本格スイーツをどうぞ。

出川哲朗さん
リクエスト！

チョコクリーム

美味しい！ が止まらない
大人も子供もみんな大好き

材料（作りやすい分量）

ブラックチョコレート…2枚　バター…12g
牛乳…250ml　　　　　　小麦粉…10g

作り方

① 鍋にバター、ふるった小麦粉を入れ中火で熱し、泡立て器でよく混ぜる。

② 牛乳を少しずつ加えながらよく混ぜ合わせる。

③ ひと煮立ちしたら火を止め、チョコレートを割り入れる。ゴムベラでチョコレートをよく溶かす。

④ 器に流し入れ、粗熱が取れたら冷蔵庫で冷やし固める。

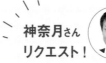

神奈月さん
リクエスト！

ミニトマトのキャラメルがけ

トマトの酸味とほろ苦いキャラメルで
見た目もかわいい大人のデザートに

材料（作りやすい分量）

ミニトマト…8個
砂糖…大さじ1
水…30ml

作り方

① 鍋に砂糖と水を中火で熱し、フツフツとして茶色に色づいてきたら火を止め、固まらない程度に粗熱を取る。

② ミニトマトの底に①をからめ、クッキングシートにのせる。

③ 冷蔵庫で冷やし固める。

野口健さん
リクエスト！

なすのタルトタタン

なすのねっとりとした食感と素朴な甘さがフルーツのよう。
ワインにもぴったり

目をつむって口の中に入れた、
どれだけの人がナスといえるか！

材料 (25cm のパイ皿1台分)

なす…3本	砂糖…大さじ3
バター…50g	冷凍パイシート (20×19cm) …1枚

作り方

❶ パイシートは使用する前に室温に戻し、解凍する。なすは3cm幅の輪切りにする。

❷ フライパンにバターと砂糖を中火で熱し、砂糖が溶けたら①のなすを入れる。両面に焼き色が付くまでじっくり焼く。

❸ ②をタルト皿に並べ、めん棒などで薄く伸ばしたパイシートをかぶせる。

❹ 200度に予熱したオーブンで約40分ほど焼く。冷めたら皿をかぶせてひっくり返し、好みの大きさに切る。

渡辺美奈代さん
リクエスト！

梅干しとあんこのスティックパイ

甘じょっぱい味がクセになる
サクサク和風パイ

梅があんこに合う！

材料 (4本分)

粒あん (市販) …大さじ4	卵黄…1個分
梅干し (はちみつ入り) …2粒	冷凍パイシート (20×19cm) …1枚

作り方

❶ パイシートは使用する前に室温に戻し、作業しやすいように半解凍ぐらいにしておく。半分に切り、1枚はめん棒などでひとまわり大きく伸ばす。

❷ 卵黄に水少々を混ぜて塗り卵を作る。梅干しの果肉はみじん切りする。

❸ 粒あんを4等分にし、パイシートに間隔を開けて縦4列にのせる。上に梅干しをのせ、端に塗り卵を塗る。

❹ 上に伸ばしたもう1枚のパイシートをかぶせ、端をフォークなどで押さえてくっつける。

❺ 縦に4等分に切り、表面に塗り卵を塗る。

❻ 200度に予熱したオーブンで焼き色が付くまで約40分ほど焼く(焦げそうになったら途中でアルミホイルをかぶせて焼く)。

STAFF

写真	校正
新居明子	深澤晴彦
デザイン	協力
bitter design	UTUWA
構成・文	マネジメント
熊谷有真	平田麻莉
フードスタイリスト	出版プロデューサー
渡会順子	将口真明、飯田和弘(日本テレビ)
イラスト	編集
須山奈津希	高木さおり(sand)
DTP	編集統括
坂巻治子	吉本光里、滝本愛弓(ワニブックス)

「沸騰ワード10」TV STAFF

統轄プロデューサー
新井秀和

プロデューサー
中澤亜友
笹木哲

ディレクター
森谷将

伝説の家政婦 沸騰ワード10レシピ

著　者　　タサン志麻

2021年1月30日　初版発行
2021年9月10日　5版発行
発行者　　横内正昭
編集人　　青柳有紀

発行所　　株式会社ワニブックス
　　　　　〒150-8482
　　　　　東京都渋谷区恵比寿4-4-9　えびす大黒ビル
　　　　　電話　03-5449-2711(代表)
　　　　　　　　03-5449-2716(編集部)
　　　　　ワニブックスHP　　http://www.wani.co.jp/
　　　　　WANI BOOKOUT　http://www.wanibookout.com/

印刷所　　株式会社美松堂
製本所　　ナショナル製本